海峽風雲急

兩岸統一好結局，臺灣錢將淹膝蓋

安強　著

目次

前言

　　二〇一四年當馬英九主政近尾聲，在兩岸統一問題上，卻毫無進展，使關心民族團結、復興的有識之士悶悶不樂。總希望兩岸早日統一，使臺灣不再做美、日等國遏制祖國的棋子，沒有尊嚴的受洋人利用，成為我民族偉大復興的絆腳石。臺灣主政者不論哪個黨派，皆為既得利益者，掌握兩蔣時代遺留下來的龐大資產，在利慾薰心情況下，早已被私心蒙蔽，想的就是永遠維持現狀。什麼民族大義，列強欺凌的慘痛歷史，以及子孫後代的福祉、發展等，一概不顧，誠所謂利令智昏，一切都不管。臺灣的現狀，是上下交爭利的混一天算一天，主政者內心想的只求「維持現狀」，以拖延、等待能夠宣布獨立的時機。儘管這是難於實現的幻想，這幫離心離德，寧做洋人走狗無尊嚴的擁有虛名官銜和財富等物質享受。卻不願做偉大的中國人。這種現象凡明眼人均知如此下去，必然違反大陸「反分裂國家法」之「不能無限期拖延下去而不統一」的紅線。屆時萬一大陸為了全國與全民族核心利益，由「和平統一」的設想，不得已改變為「武統」，則對兩岸同胞都將造成傷害。但是對臺灣言實是咎由自取，唯對龐大無

辜人民，則為莫大悲哀。

在看清兩岸最終結局的人，無不期盼「和平統一」皆大歡喜，臺灣可省下外交和軍購的大筆冤枉錢，用在各項建設和人民福利上。

不過看兩岸當今交流狀況，皆未走向健康、安穩的正確道路。長此下去必然危險，尤其在兩岸間還有美、日等不願見中國崛起，正全力干擾兩岸正常交流與發展，希望把臺灣用作阻礙大陸成為正常國家的最有利工具。臺灣主政者和既得利者應看出今天的真實情勢，所謂識時務者為俊傑，及敬酒不吃，吃罰酒。從中外歷史看，國家統一皆為不可阻擋的大事，一旦違反，便一定會武力統一。因此大陸在強大後，不願見生靈塗炭，尤不想殺戮，故提出「和平統一」方案，以求兩岸同胞透過交流而步入統一，共同建築中華民族崛起壯大，達到民富國強的境地的「中國夢」，使臺灣同胞徹底分享大陸發展，受世界尊敬的紅利。

然而很可惜，自大陸改革開放以來，雖一日千里的進步，由農業大國蛻變成經濟大國，工業與科技、軍事等突出的百業興盛的大國。卻無法令生活在中國領土上的許多臺灣人民沁起歸屬感。相反的，竟在美、日慫恿下，甘做被利用的馬前卒，專與祖國大陸搞亂，特別是在「反中」方面，從歷史、地理和文化上進行破壞、分離，欲成為美、日卵翼下的「小國」，儘管將處處討好與聽命美、日，尊嚴掃地，他們為求保住私利，仍低聲下氣跟著「反中」不遺餘力。要由此能夠臻於獨立。

　　筆者與好友徐永博士、和曾在政府機構擔任高階官員退休的劉樹椿二位相聚，談到時局及兩岸關係，三人均有同感，都認為「天下興亡，匹夫有責」，做人不能數典忘祖，乃研究決定成立網站「忠義網站、正義之聲」，由筆者撰稿，每篇以不超過六百字為原則。徐博士主發，我三人經常相聚，針砭時政及對兩岸交流的看法、意見，以及美、日對我國的陰謀鬼計，無理要求等，一律予以揭露抨擊。樹椿與徐永二位仁兄，皆曾飽經世事，踏遍五湖四海，閱歷極深，看事透澈精準。最難得可貴的是，愛我中華的赤心。因此我們的網站是站在民族大義的高度發文，專門打擊兩岸的洋奴與具分裂國土，或影響祖國崛起者。

　　自從「忠義網站、正義之聲」發稿以來，已受到關心兩岸問題人士的注意與重視。並發現本網站立論內容往往走在一般媒體前面，且能一針見血，簡潔有力，大公無私。

　　及至臺灣臺獨黨主政，美國「狂人」川普上臺，本網站不斷站在正義立場發文，糾正一切對祖國不利，不正確的言論或行動。

　　最近幾位媒體老友，對我們網站頗有佳評，認為「今日新聞（含評論）就是明日歷史。建議編印成書，讓正義之聲具體流傳，成為貢獻民族的紀錄。筆者很以為然，也好把我們三人的愛國正確方向，影響更多人。

　　這本書是以短評形態撰成，十分精簡。內容經常採用劉樹椿和徐永二位仁兄睿智高見。以同心同德為國家民族奉獻棉力。我三人皆已耄耋之年，能為兩岸同胞和平統一，

民族興盛，永遠不再受列強壓迫欺凌出力，心願足矣。

　　唯由於為文常配合時局下筆匆忙，難免有欠周延之處，尚望讀者海涵、包容與指正。更感謝樹椿、徐永兩位仁兄不時提供寶貴意見和鞭策。

安強

二○一七年二月

美式民主正「急流勇退」中

　　二〇一六年美國總統選舉，民主黨希拉蕊和共和黨川普，經過無所不用其極的鬥爭，使大家目睹了「美式民主」的缺失與醜陋。從「狂人」川普的當選，讓世人了解美式民主制是耍弄龐大人民的劣制。本來人類社會選擇一種管理眾人之事的制度，在求該制度能帶來福祉，使人人生活在舒適環境裡。然而美式民主卻自始就是「鬥爭型」，非和平與團結的。不但對內展現鬥爭，對外更不惜殺戮，藉維護此種自私自利的「民主」，作為欺壓及掠奪利益的合理依據，在人類世界興風作浪，再「混水摸魚」巧取豪奪，成為地球上人類社會的亂源。遠的不談，只說希拉蕊任國務卿時，便致力於四處點火，以「茉莉花革命」攪亂別國，而川普又高唱「美國優先」等，處處表露出「有我無他」狹隘自私心態，難怪美國有良知的學者喬舒亞・科藍茲克寫了《民主在退潮》一書，指出「民主」不能給我們更好的生活，那我們還要追求它幹嘛？（2017.1.30）

當川普遇到習近平

　　川普與習近平兩人，由於生長在不同文化中，其內在和外在的氣質、形象截然不同，堪稱南轅北轍、背道而馳。川普從媒體上看，活似一條發狂的野獸，張牙舞爪，迫不及待尋找獵物，同時張嘴就是「美國利益」，毫不顧及別國利益。而習近平沉穩、從容、平等對待各國，任何利益均想到「互利」。習近平最大的特點，是中華文化孕育成的精英。中華文化主流是儒家哲學，教人類脫離獸性，充溢仁愛互助、互敬，使人類社會進入真、善、美的境界。而川普生長在「物競天擇、適者生存、弱肉強食，衣冠禽獸般，只維護自身利益」的文化裡。無怪乎美國學者杭士基稱其國家是「大流氓國家」，向他國收保護費。故比較兩人，已立見高低。未來一旦兩相博弈，自易分辨誰最受國際尊敬，而誰又是被唾棄的大國領袖了。（2017.1.28）

凡正確的事就該去做，
不應考慮阻礙的人

　　目前兩岸關係，正確是統一，使中國成為正常國家，兩岸共謀發展，攜手努力於民族偉大復興。如此才是兩岸應走的正途。相反的，只醉心自私自利，把民族大義置於腦後，甘願受洋人擺弄，希望永遠維持現狀，則屬目光短淺，沒有光明未來的人。此類人是不願統一，甚至追求獨立的異議人士。我們反對祖國大陸浪費寶貴時間等他們有一天突然清醒，向統一招手。跟這班人周旋，正像跟達賴及劉曉波之流溝通，同樣似對牛彈琴，不可能有結果。因此只要統一是對民族、國家、全體同胞（兩岸）有百利而無一害，便不應對糊塗或自私者有所期待或顧慮。換言之，就是大陸方面為了兩岸同胞福祉，和達成國家正常發展，不能繼續拖延十幾億同胞殷切的盼望，早日統一再進行善後，才是正道。（2017.1.25）

臺北市長問「臺灣人為什麼怕大陸」？

　　近日臺北市長對媒體說：「臺灣人為什麼會怕大陸？」他說大陸曾對臺灣那麼多讓利，臺灣卻直往美國靠過去。因此他要大陸方面應好好省思。從柯文哲此種提問，及要求大陸反思。我們認為柯文哲這種心理，正是缺乏歷史知識，觀念偏差，不認自己是中國人之故。臺灣傾向叛國者，跟對日抗戰時，認賊作父，為了一時私利，出賣國家民族，甘做漢奸，遺臭萬年。今天臺灣主政者和既得利益者，生活在祖國土地上，竟跟祖國敵人站一起，一鼻孔出氣全力反中，即使充當洋人壓制祖國大陸的工具或棋子，甚至只要能出力保護不被統一，哪怕當洋人奴才皆願意。這就是臺灣人怕大陸的根本原因，也就是大陸肩負國家民族必須統一的歷史使命。而臺灣是背叛者，一正一邪，邪不勝正。所以臺灣一定會怕大陸。也是給柯文哲最正確答案。（2017.1.15）

蔡英文以「低調」進行獨立的謀略

蔡英文主政後，以分裂獨立為職志。由於她的策略是「低調」，如鴨子划水，讓外界不知不覺間達到目的地。然而面對蔡英文無論出訪、過境美國等皆採低調，其行動精髓所指，仍在有利於獨立。換言之，她的一舉一動皆與獨立有關，而表面掩護的方式即「低調」。說穿了，其選擇「低調」，是因為對付大陸最管用，對前進獨立最有利，企圖在大陸不知覺間，水到渠成（包括美日支持）地完成獨立建國。

另據日前報載，北京國務院參事時殷弘，見蔡英文出訪中美洲時「低調不對抗」，便稱小英精明，致北京無法直接出重手。看來大陸這些人很浮面，好唬弄，難怪臺灣電信詐騙案嫌犯均認為大陸人最好騙。然而關係國家統一、民族復興的大事，時殷弘的觀點令人覺得有「婦人之仁」的重大缺失。

（2017.1.11）

面對富強的祖國，
臺灣沒理由拒統一

　　今日臺灣媒體報導，大陸將「反獨以戰迫和」，準備以「北平模式」爭取和平統一，早日達成「兩岸一家親」，共為我民族偉大復興貢獻心力。果能實現，應屬兩岸同胞之福，也是最高智慧的表現。統一在大陸言，近年國家快速崛起，已至民富國強，即將全面進入小康，是聯合國承認唯一代表中國的正統國家。臺灣侷促一偶，經濟靠大陸，安全依賴貪婪的美帝，成為其壓制中國，糾纏中國的工具，不客氣的說就是「洋人走狗」，毫無尊嚴的苟活。以目前兩岸情勢，大陸是堂堂正正的中華民族泱泱大國。而小島上的人，由於抗統，必成歷史罪人，如執迷不悟，下場一定悲慘。現大陸仍不忍讓島民在「地動山搖」後，俯首就擒，武力統一，乃想出「北平模式」，在兵臨城下時，國民黨守將為避免玉石俱焚，血流孤城，在大勢已去情形下，迎接解放軍進城，將是最明智的決定。如今北京提「北平模式」，是不欲見到生靈塗炭，也是維護領土主權最仁慈的設想。（2016.1.6）

大陸「國際電視臺」的開播，
將使世界了解中國

　　大陸中央電視臺，自二〇一七年一月起，增設「國際電視臺」和「中國環球電視網」，可讓世界各國徹底了解中國，同時爭取國際話語權。在此我們除了祝賀外，並有幾點建議：

　　（一）多年來美國總向世界炫耀所謂民主自由，包括跟在美國後面跑的臺灣，常以此對外自誇。卻完全不了解共黨建黨迄今一直都施行著民主制，甚至在戰場上仍以軍中民主奪得對敵勝利。近日臺灣青年在北大見識到學校選人大代表，不記名的另類投票方式，驚為最乾淨、確實令適合者出頭的真民主。故大陸可透過國際媒體向世人介紹此等「真民主」。大陸的自由，更可從法律具公信力看出。凡此均應讓世人知道，不容歐美專「美」於前。

　　（二）應多介紹獨特文化孕育出的，走在時代尖端好制度。這比孫中山先生「實業計畫」、「建國大綱」、「建國方略」下所提不知實施千萬倍，如今對歐美等先進國家（含曾欺凌我國的「八國聯軍」國家），都已逐一迎頭趕上，且不斷超過。這些建設也是向外報導的好資料。

（三）介紹中華文化，對世界潛移默化，走向互助互利、仁愛和睦的坦途，將對人類有極大貢獻。（2016.1.1）

大陸學者近來似乎盡力在替
蔡英文找臺階下

　　見媒體報導,大陸學者表示不反對在「九二共識」之外,找到建立體現「一中原則」內涵的兩岸共識。此話甫出,便在國共論壇中,引起熱烈討論,與會者都在挖空心思揚棄「九二共識」,乃有被大家認為「兩岸同屬中華民族」作為「九二共識」替代的新共識,以便民共解開僵局。

　　然而此一想法立即被大陸當局否定。我們除了讚賞大陸當局的明智與對統獨問題明快處理外,也對大陸知名學者十分不滿。明明蔡英文吃了秤砣鐵了心,一頭鑽向川普,並獲得川普團隊在經貿與軍事安全上出力保障的承諾,這令臺獨陣營士氣大振,很顯然臺獨已走上了不歸路。而奇怪的是大陸部分學者好像暗中為民進黨當「遊說團」、「上桿子」,設法替臺獨們找拖延時間的機會,故意讓外界對臺獨仍抱轉彎的希望,真不知他們研究臺灣問題,是否與臺獨產生了深厚感情。(2016.12.29)

臺灣對大陸的善意除走向統一外均不算善意

　　在臺灣的媒體上，總不斷看到報導臺灣政治人物，或民間團體對大陸又釋放了善意，希望大陸方面了解，能加以回報。特別露骨的是，日前在蔡英文即將出訪前，與臺灣有多年邦誼的非洲小國聖多美普林西比，突宣布與臺灣斷交。而臺灣某大報談及此事，新聞中曾強調：「挖走臺灣的邦交國十分容易，但要重新砌好因此崩坍的人心卻難上加難。習近平追求兩岸心靈契合，非到必要不會大動干戈」。這番越描越黑的話，正好描寫了臺灣從上到下，皆充溢著分裂氣氛。臺獨黨能以高票執政，包括國民黨在內的各黨派等，多年來內心想的，以及赴諸行動的，無不反中抗統，甚至青少年均成了「自然獨」、「天然獨」，要想兩岸「心靈契合」，只怕要等到太陽從西邊出來吧。試問大陸口口聲聲的「兩岸一家親」，一廂情願和平統一，已成了搞獨立的最大保障。我們真不知大陸面對這些不知民族大義的人、狼心狗肺的人，在期待什麼，為何還不趕快處理。（2016.12.24）

中國的「一中政策」
是極不正常產物

　　海峽兩岸之「一個中國政策」鬧了幾十年，最近被甫當選的美國總統、政治素人一度質疑，不知何謂「一中政策」。在他心裡想的，中國就是中國，為何加個「一中原則」。而臺灣說它不是國家，卻有「總統」。如果不是深入了解箇中複雜的形成內情，真令人弄不清什麼是「一個中國原則」，到底大陸和臺灣是怎樣的關係。其實說白了，就是一個國家內兩岸間極不正常的關係。川普應該知道林肯發動美國南北戰爭，統一全國，以致不會出現兩個政治實體，否則在拖延對立期間，說不定也先來個「一個美國原則」。國家內部不統一，又要國際上只能單邊承認。此外各國賣武器給臺獨，問題不在賣家，而在買家，只是一個勁地指責賣家頗無道理。有本事就應使搞臺獨作亂者不敢大張旗鼓整軍，企圖抗衡統一，才是正途。（2016.12.23）

蔡政府一意孤行往分裂方向走
將招來災難

　　自從美國新總統川普當選，英川通話，臺獨人士莫不大喜過望，蔡英文更顯躊躇滿志、自鳴得意。然而卻被大陸看穿和證實民進黨搞獨立是鐵了心不會回頭的，於是大陸為了遏制臺獨開始迅速從多方面展開行動。譬如清查在大陸賺錢，卻暗中支持臺獨者，必加處理。同時由於大陸民眾感覺臺灣分裂的政治氣味濃厚，對大陸似有敵意，乃不願來觀光旅遊。進而解放軍也因臺獨欲分裂國土，必要打擊處理，所以才有轟炸機、戰鬥機群一再突破所謂的島鏈封鎖，而強行繞臺灣飛行，使臺灣全島赤裸裸曝露在解放軍觀察眼下。此外正當蔡英文即將出訪邦交國之際，我原邦交國非洲的聖多美普林西比宣布與臺灣斷交。目前大陸已意識到對搞獨立、不認為自己是中國人的，不是敵人就是叛國份子，對付這幫人不能手軟，何況廣大民眾對幾十年兩岸仍未統一，紛紛向國務院施壓。甚至認為如果毛澤東主政，早把問題解決了，哪會像現在這樣拖拖拉拉。

（2016.12.23）

臺灣與大陸和平統一的條件正在消失

　　大陸前國臺辦副主任王在希，日前就直言臺獨勢力已經坐大，在島內，一切皆操在臺獨團夥手上，早已不理「一中原則」，更沒有任何力量能遏制其往分裂方向走，因此他認為和平統一的可能性已經越來越小。其實島內關心統一的人，早該深刻的了解到，和平統一等於緣木求魚，根本機會渺茫。

　　此外，馬英九執政時儘管三通交流，一時給臺灣帶來經濟發展。但大陸卻忽略馬政府，放任臺獨分離勢力多方發展，特別是紮根工作有計畫的進行，似乎國民黨不便明目張膽走「獨臺」道路，便心照不宣似的由民進黨去做。這可由國民黨緊抱大陸國臺辦睜隻眼、閉隻眼未予反對的「一中各表」不放，意及兩岸兩國的不成文默認，故馬政府與大陸所想的其實完全不同。由於大陸一直未制止「一中各表」，國民黨乃樂得趕緊安排落實一邊一國，以促成兩國論的成功。如今島內鐵板一塊的分裂趨勢已公然表面化，王在希的警語說得正是時候。（2016.12.22）

蔡英文與川普通話之風波

　　臺灣領導人蔡英文十二月二日深夜十一時許，美東時間二日上午十時，與即將上任的美國總統，以祝賀方式通電話約十分鐘。成為中美斷交卅七年以來首次元首通話。

　　此項破例行為引起世界各大媒體關注，紛紛以大篇幅報導，特別是臺灣媒體皆文字配合圖片大肆宣揚。不過這般行為，被大陸指為臺灣要「小動作」，而美國更因此違背中美三個聯合公報。儘管美國事後強調上海公報等安撫中國大陸，卻為實際友誼種下不信任的種子。雖然蔡英文在電話中，希望美國能幫助臺灣加入國際活動。不過大陸認為蔡英文與川普通話，不致對中美關係產生較大變化，但是對民進黨及臺灣總統卻是極大鼓舞，增長獨立建國的信心。同時一般研判，民進黨對生意人川普，必將傾全力籌措資金購買大量軍火等物資，作為川普護臺，與協助進入國際組織的籌碼。並更進一步以主權獨立的國家活躍於國際間，謀取臺灣利益，遠離大陸的羈絆。這種想法太不切實際，一廂情願，必將落得悲劇下場。（2016.12.6）

大陸不該因一群假臺獨
拖延中國夢的實現

在大陸主政者或學者專家等心中，臺獨份子應是為了革命不惜犧牲、不顧一切勇往直前，奮力追求心中理想的人。但既然他們數典忘祖，不願為民族復興大業有所貢獻，以名垂青史，留下和平統一歷史佳話。大陸就應徹底了解這批人的真實面，早日突破各種障礙，完成兩岸統一，讓不正常的國家正常化，同時使美、日等糾纏宣告瓦解，並使東海、南海問題不再存在。日前綠營在立院審議公投法時漏了餡，當國民黨突然贊成公投改變領土只及於臺澎金馬時，出乎所有人的意外之外。更令民進黨大吃一驚，終於因無法接受而擋下。由此證明民進黨人拿下政權後，只在關著門做皇帝，在島內呼風喚雨、吃香喝辣。對大陸，只要把美日拉攏好，能維持現狀，就是最大目的。綠營知道，一旦變更領土，便是真臺獨，絕對引來戰爭，不合他們需要，因此不敢改變領土，一切以「拖」為要，拖得越久越好。對此大陸應有明智俐落的處置。

（2016.12.19）

任何國家無權阻止
中國崛起和統一

　　從世界近代史中可以看到，歐美及日本等國，在強盛後，便四處欺凌弱國，以霸道手段向外擴張。於是富裕腐敗的中國成了列強爭相侵略的目標，乃有八國聯軍和日本先後進軍蹂躪、強奪、燒殺、姦淫，佔領瓜分土地，一時所有中國人民深陷在煉獄中。及至新中國成立，領導全民奮起，團結一致努力建國，掌握科技，並與入侵列強抗爭，更在戰爭中十次敗敵精銳。如今已全面崛起、傲視國際，同時幫助弱小，主張和平，進而貢獻世界。這和列強壯大後就四處征戰，巧取豪奪完全不同，然而卻招妒於列強。尤其以美日為首的霸權國家，看見中國一日千里的進步，似心如刀割，總挖空心思加以阻擾，特別不願見海峽兩岸統一，想方設法培植臺獨群眾坐大，鼓動分離。但崛起的中國已能抗拒任何阻礙統一的力量，破除由美國等邪惡不正的鬼計。國家統一是全體中國人要求執政黨中央必須完成的歷史使命，是十幾億人民的意志。（2016.12.18）

孫中山是中華民國創建者，國軍將領以平民身分與祭很正常

　　十一月孫中山誕辰，中國大陸在北京擴大紀念活動，並以孫文學說中強調的建國方略、實業計畫、多黨合作、外抗強權欺凌等豐碩成果告慰孫中山。臺灣數十位退役將領，皆屬孫中山先生信徒，無奈臺灣主政者及在野的國民黨均數典忘祖，對曾奉尊為國父的孫中山先生，忘得乾乾淨淨。然其偉大精神、救國救民事蹟，永遠深印在保家衛國軍人們腦中、心底，適逢對岸莊嚴盛大紀念，自當前往表達永遠的敬仰與懷念。這些將領均退伍，身分已屬平民，紀念活動形式單純。想不到竟被反中國、不願做中國人的執政黨杯葛，要以修法管制退伍將領去對岸，還要取消他們的退休金，將一生奉獻國家、犧牲一切報效國家的人視為仇敵般處置，必定嚴重打擊三軍士氣。正是「不知為誰而戰」的今天，當面臨危機時，將落得「六軍不伐」的下場。國父若地下有知，對臺灣主政者不願團結一致共同建設國家，把愛國軍人當作敵人，一定難以安眠。

（2016.12.15）

臺灣的外交小動作
可能加速統一進程

　　多年來，尤其自李登輝以後，在外交上都是靠「小動作」維繫住少數弱小國家的邦交，獲得金錢的，就承認是個國家。所謂「小動作」，就是先拉攏該國政治「掮客」，以銀彈等方式餵飽他們，而吃足甜頭的「掮客」，便會出力選擇具影響力、善於游說的「公關公司」，在相當巨額付費後，施展各種方法與手段，以達到目的，滿足付款人的期望。此次蔡政府雖然在美國大選時押錯寶，但是與美國新當選總統有相當關係的人士，利用他們敏銳的嗅覺，知道臺灣蔡政府的需要，認為大可為即將上任的川普政府大賺銷售軍火錢，而「掮客」的酬勞亦不會少。故蔡川熱線雖只十來分鐘，卻傳出就開支臺幣千餘萬元，且川普在面對送上門的好生意時，興奮之餘竟脫口對「一中原則」遵守提出質疑，似欲拿臺灣作為未來中美兩國談判的籌碼。引起中國大陸極端不滿，認為將破壞兩國關係，必促使大陸早日以武力收回臺灣，並在國際問題上無法協商或配合。（2016.12.14）

「中華民國」目前已成「獨臺」與「臺獨」的「羊頭」

　　只要是知識份子都了解，國民黨和民進黨骨子裡想的都一樣，絕不希望統一。因為這兩黨主導政經者（掌權者），均屬有錢有勢的人，臺灣政治就操在他們手上，故不願改變現狀，他們不在乎政黨輪替，在朝者能呼風喚雨，享受「關起門做皇帝」，在島內盡情大過官癮，要什麼有什麼，還可鋪排場，顯官威和炫富有。而國民黨主流派自李登輝後，已全面變質，實際上和民進黨內心想的一樣，心中追求的目標大同小異，就是分裂國土，利用「中華民國」這塊招牌，走的是「獨臺」和「臺獨」的路。在島內舉足輕重的國民黨，與民進黨，最想要的莫過於「維持現狀」，即一邊一國，實質上的獨立。試想，大陸讓「中華民國」存在，自然便是「一邊一國」，或「兩國論」的實現。習近平反對臺獨，遏制臺獨，首先應處理「中華民國」，否則永遠是「兩國」及「一邊一國」，不分裂也難。（2016.12.9）

從臺灣青年口中驚訝於大陸
二、三線城市進步情形

　　日前一位臺灣青年到蘇州的次級城市出差，發現常熟市處處表現出超過臺北市很多的地方，其現代化的種種顯示，令人震驚，走在大街上掩不住心底的自卑感。這位臺灣青年舉例說，常熟市每個街角，都設有類似 U-Bike 自行車供用站，大量自行車，只要有市民卡，便可免費使用，自行車不上鎖也沒人偷。臺胞或外僑居住該市，照樣可辦市民卡隨時使用。至於機車全是電動的，只要臺幣一萬元至一萬五千元一輛，每月耗電費不到臺幣五百元。如在公司或公家機構則員工可將電瓶就近免費充電，成為福利之一。常熟市道路寬大筆直，道路兩側大樹成蔭，環境清潔整齊。反觀臺灣自行車要租錢，機車油煙嗆人，街道狹窄，機車亂衝。就這點已遠遠落後於大陸二、三級城市，其他現代化和社會上運用的各種軟體措施，人民生活的便利、制度的便民，真的令人覺得有舒適、安逸感。想到臺灣坐井觀天，來到大陸相比之下，怎不湧現無限的自卑。

（2016.12.7）

從美國暗殺卡斯楚足證其兇殘無人性

　　古巴共和國位於中美洲西印度群島中，面積十一萬四千平方公里。人口一千多萬，主要為白人，其次為黑人及混血者。人口約為臺灣的一半，卻在強人領導下自立自強，雖靠近美國南部，完全不甩美國，政治走共產黨路線。由於不聽美國的，便被美國視為眼中釘，尤其對古巴強人卡斯楚堅持反對美式民主，而以馬列主義治國，更是無法容忍。古巴也是世界上第一個承認毛澤東建立的新中國的國家，和蘇聯等共產國家為伍，蔑視美式民主，不願剝削勞工弱勢族群。美國在無法左右其政治理念之後，乃決心暗殺卡斯楚，自一九五八年至兩千年間，採用各種手段，不計代價的，不斷進行謀殺，總共暗殺行動達六百卅八次，甚至在其雪茄安裝爆炸物，但均未得逞，反而為卡斯楚創造了被刺殺最多次的金氏紀錄。諷刺的是，美國這個所謂「超級大國」，做出的邪惡勾當，應為世界各國所不齒。但令人感到奇怪的是，如此無恥卑鄙，心術不正、陰狠毒辣的政府。美國人民如有良知，也該盡到監督阻止的責任才對。（2016.12.8）

蔡英文與川普通話的後果

　　蔡英文在十二月二日深夜十一時許，美東時間二日十時左右，以祝賀方式與即將上任的川普總統通話。打破臺美斷交卅七年來「元首」互不交流的慣例。一時引起國際媒體爭相報導，尤其臺灣各大媒體均視為重大事件，紛紛宣揚，認為是外交重大突破。臺獨人士無不歡欣鼓舞，認為分裂必成，獨立在望，川普定將保護臺獨勢力，達成宿願。不過與川普交往首先要準備大筆鈔票，除購買大量武器外，美豬等產品也要大舉進口，使原已捉襟見肘的島內經濟雪上加霜。另方面大陸對蔡英文完全終止「髮夾彎」的期待，在經濟全面封鎖情形下，其困頓艱難可想而知，加上外交報復，軍事威懾，廿二個邦交國勢難維護。因此蔡英文這通電話，川普可坐收臺灣捧上的大筆訂單，而輸掉兩岸和平發展的契機，落得「投機」不著，還帶來急統的災難。蔡英文應知與川普打交道是靠鈔票，力抗大陸就是死路一條。這通電話將令民進黨付出承受不住的代價。

（2016.12.6）

馬英九反統，又將政權轉移給臺獨，大陸今天才恍然

　　十一月廿六日，旺報以大篇幅刊登大陸對馬英九的不滿與批判。透過其重量級學者余克禮指出，馬執政八年只經不政，附和綠營，傾向獨立。其實馬英九上臺宣誓的「不統、不獨、不武」就是花招巧計，是美國智庫替他設計的。無奈國臺辦不察，誤以為善意，乃毫無警覺，啟動交流，使臺灣衰微的經濟注入活水。同時把從大陸賺得的錢，向美國購進大量武器作為必要時抗拒統一之用。八年來，馬英九未做一樁有利統一的事。換言之，卻任由民進黨從教育、文化等灌輸島民「獨立」思想、分離意識，打下臺獨堅實基礎。然而國臺辦竟對此嚴重情況視而不見，甚至演出「馬習會」鬧劇，降低習近平威望。直至「太陽花學運」反中情緒普遍化，大陸當局始發現八年交流，臺獨勢力更堅定。到臺灣政黨輪替，臺獨黨大勝，自是拜馬英九崇洋、傾獨所賜。如今國民黨已變質為「獨臺」黨，「洪習會」後續種種作為無意義，徒浪費時間而已。馬的反中立場，我們早已多次揭露。（2016.11.26）

胡耀邦之子胡德華將大陸民族主義與滿清義和團並論極不恰當

　　中國的民族主義，與廣大人民遭受外侮，慘被蹂躪、欺凌殘殺有關，應是愛國情操的抒發。民族主義發展的方式很多，最對我國有利的正確發展，如孫中山提倡革命創建共和。以及全國一條心抵抗日本侵略。新中國成立後，國家仍在百廢待舉艱苦境況下，與美、俄、印、越等國兵戎相見。至鄧小平主政改革開放，歷經江澤民、胡錦濤、至習近平，帶領著十幾億人民團結奮鬥，同心合力力拚國家多方面建設。才有今天的成就。面對國際間爾虞我詐，加以美霸與狡猾的日本，挑撥離間臺灣，充當其糾纏大陸和圍堵的工具。我國就是靠萬眾一心的愛國民族主義，得以自強不息，成為國強民富的大國。這怎能與一心迷信單靠一時衝動式的愛國情緒義和團相提並論。胡德華的言論看法應屬欠思考的評斷，頗脫離現實，只是學究之論，不足為道。又據日本投降後的檢討記載，攻打中國極為不智，居然把一盤散沙自將淪亡的國家給打團結了，出現強烈的民族主義，合力保家衛國，外力已難撼動。（2016.11.29）

日本以拉攏美國為主要目的
在遏制中國，竟遭美媒打臉

　　美國新總統川普當選後，表示一反歐巴馬專做損人不利己的事，今後要以改善內政為主，要在國內大興建設，讓美國平民百姓生活得更安適。乃引起日本恐慌，仍希望川普繼歐巴馬「重返亞洲」政策，繼續花大成本，只為圍堵中國，阻滯中國快速發展。豈料就在日本首相安倍晉三趕赴美國企圖遊說川普之際，其狹隘心計卻令美國具良知正義的媒體看不下去：極蔑視安倍邪惡的嘴臉，仗義替中國辯護。要日本放棄錯誤的「遏制戰略」，應該與中國合作，共同擘劃區域的未來和平與發展，多關心各國人民的生活福祉才是正途。我們敬佩正義勇敢的美國「哈芬登郵報」之餘，更要指出百餘年來，中國曾被日本瘋狂侵略，歷史血淚斑斑，堪稱血海深仇，滔天大罪，中國並未加以報復，不想冤冤相報，這就是中華文化孕育出的泱泱大國的氣度，日本理應感念中國政府與人民的寬大，不料鼠肚雞腸的安倍不知感恩，反而恩將仇報。日本人民如有良知，也應起而阻止，否則連美媒都不如。（2016.11.25）

看美國大選證明臺灣媒體
失去可信度

　　此次美國大選，共和黨川普對上了民主黨希拉蕊。由於希拉蕊有仇中情緒，且多年跟隨歐巴馬總統，進行「重返亞洲」政策，結合日本、臺灣等國家和地區，形成島鍊以圍堵中國，藉此使快速發展的中國大陸遭受困擾，遲滯其發展勢頭，且協助歐巴馬推動 TPP，作為對抗中國經貿的利器。新選的臺灣領導人蔡英文，極期待的，就是 TPP 早日通過實施，讓她得以在南向之外，透過美國主導的 TPP，一旦加入就可與大陸抗衡。所謂「力抗中國」，希拉蕊就是最大的後盾。豈料被臺灣所有媒體從頭到尾看好，蔡英文極力推崇的希拉蕊，竟落選了。原來根據深入了解具體資料分析，認為一定由川普當選美國總統的，是中國、俄羅斯及印度。其次為歐洲賭盤。因此以事實證明臺灣的各類媒體完全失去公信力。或者就是被政治人物牽著鼻子走。尤其各大報常用大篇幅、圖文並茂為希拉蕊捧場宣傳，回顧這些肉麻情形，真是令人臉紅！（2016.11.22）

大陸對臺如反對「臺獨」就不必施予任何善意

　　自五二○民進黨執政後，繼馬政府的「獨臺」思考，更加具體加強臺獨思想的基礎。對內從教育、文化、宣傳等方面徹底去中國化。使島內民眾認識到臺灣已是獨立的國家。這情形自馬政府的國民黨已是鴨子划水般，透過兩岸交流獲取經濟利益。實際卻緊抱美、日大腿，並向美國大肆採購武器，以作必要時防統之用。到了蔡英文主政，反而不像馬政府口是心非，欺騙大陸八年，而乾脆擺明了獨立架式。認為臺灣已經是個主權獨立的國家。故須剷除與大陸血源關係，特別注重分裂的歷史，企圖與大陸從根處切割。因此有了以上種種分裂措施，使民眾多以臺灣為自己的國家。故大陸任何懷柔、讓利、或攏絡臺灣青年，欲改變其對國家認同，效果多半有限，只有在統一大政方針上多做拖延而已。在臺灣少數統派的有識之士眼裡，大陸仍太不了解臺灣人內心的想法，只看表面，很不切實際。和平統一是絕對辦不到的。要怎樣統一，應重新思考。（2016.11.18）

馬來西亞不認為馬英九是「前臺灣總統」

　　馬英九於十一月十八日前往麻六甲，參加第八屆世界華人經濟峰會，馬的名牌頭銜被改為「臺灣前領導人」，而非「前總統」。儘管馬英九非常不滿，乃在第一時間自製「臺灣前總統」名牌，同時當場表示抗議。其實自中華人民共和國取代「中華民國」進入聯合國後，世界各國已視臺灣只是中國領土中的一個地方或地區。自然「總統」或「領導」在一般國家看來，都是中國地區的部分。唯臺灣抗拒回歸，故自稱「總統」是領導人。然在國際間並不把臺灣看作獨立的國家，僅有「呆子」外交下廿二個小國承認臺灣是「國家」。馬英九的憤怒與不滿，正是國際現實的形勢使然，不能怪大馬無理。此事卻讓馬英九及臺灣領導人，認識到「島內總統」只能在島內神氣，走入國際卻只能被視為地區上的一名領導而已。沒什麼尊嚴可言。

（2016.11.20）

孫中山先生逝世後
國民黨即變質了

　　去年三月孫中山先生逝世紀念日，我和統一聯盟主席王津平主席同去國父紀念館，直到中午十二時，皆未見國民黨主政的任何官員到場，只有新黨主席郁慕明、夏瀛洲將軍率領過去袍澤，及安清、洪門等社會團體、觀光客和百餘大陸來臺旅遊者、大陸中央廣播電臺記者到場。就連正在競選總統的洪秀柱亦未見前來致敬。如今大陸擴大紀念孫中山誕辰，總書記習近平指出，中國共產黨才是真正完成孫中山建國、救國理念，並遠超過其理想，甚至領導世界的。這是有目共睹，事實勝於雄辯的。國民黨在孫中山逝世後，早已變質，大肆違背孫中山的理想，展開清黨血淋淋殺戮，排除異己，終告不得人心而敗逃臺灣，把「中華民國」當招牌，卻反對孫中山先生最重視與期望的國家統一。目前大陸以和平方式促統，國民黨理應主動進行統一，竟完全背叛孫中山先生旨意，還有什麼臉大談孫中山先生要求兩黨合力建國，而共黨確已使國家富強，人民安居樂業，排除列強欺凌。（2016.11.13）

全球矚目的美總統選舉以
出乎一般預料落幕

　　此番美國大選，在其國內竟有八十餘家各類重要媒體，一面倒的吹捧著希拉蕊。而國際間凡做慣美國奴才、走狗的國家或地區，如日本和臺灣，也是一面倒的盼望希拉蕊當選。原因是可繼續、甚至擴大支持與崛起的中國對抗。特別是臺灣蔡政府，深切指望希拉蕊能協助加快實現分裂、走上獨立的夢想。不幸卻事與願違，被許多美國人視為狡詐、冷酷的希拉蕊終於慘敗，而真實、快人快語的川普高票當選。我們從過去看希拉蕊，在任國務卿時的國際間作風如狼似虎，對大、小國家任意杯葛欺凌，在中東與非洲等地挑起動亂，引發茉莉花革命，促成戰爭，導致「IS」出現，又使敘利亞等地出現難民潮，令無數生靈受害，尤對崛起的中國視如寇仇，支持臺獨，干涉中國內政。而川普出身企業界，對美國經濟不振、貧困人口七千萬、失業者眾多、負債十九兆美元，必須放棄稱霸及到處用兵，應收斂以發展國內經濟、解決失業人口等內部問題、減稅、提高福利、使產業恢復活力，促進外貿並傾向

新保護主義，對外將採緊縮政策。因此被認為對日本、南
韓、臺灣等依賴美國者最為不利。（2016.11.10）

「港獨」、「臺獨」皆為國家毒瘤應速割除

近年來香港在英、美等外國居心不良的挑動下，許多異議人士開始大肆搞亂，先是使社會不安，進而促進「獨立」。這批受洋人資助的無知者，無視「一國兩制」對香港居民的體貼愛護，竟利用大陸讓利，和尊重港人治港的特殊制度，暗中接受外國勢力，對「一國兩制」加以利用並予以破壞，成為「反中」、鬧獨立的溫床。儘管明知終將無法得逞，卻仍不斷添亂，使政府困擾不堪，問題不斷。此次香港立法會候任立法會議員梁頌恆、游惠禎，在十月十二日宣誓就任時，自行改變誓詞，把中國讀成「支那」並用英文字寫「香港不是中國的」布條，當場展示。雖由全國人大常會依香港基本法宣布，該二人不得就職。但我們認為既不願做中國人，政府就應立即取消其國籍，驅逐出境，或依法逮捕叛亂份子，方能一勞永逸。同理，面對不願做中國人的「臺獨」，也不能任由其在中國土地上，卻接受洋人指使，大肆擾亂要獨立。必須儘早處理。

（2016.11.9）

習近平願與洪秀柱會見
在於鞏固一中

在臺灣鑼鼓喧天的「洪習會」，引發了國民黨內路線之爭。由於洪秀柱一向主張「一中同表」，遭到黨內大老一致杯葛。要洪秀柱必須向習近平說出「一中各表」，馬英九甚至表示要再回鍋競選下屆黨主席，以維護「一中各表」。不過大陸方面表示，從來就沒有「一中各表」，只有「九二共識」，其涵意即一個中國，且臺灣根本就不是個國家。因此在十月廿八日時，北京大學戰略研究中心副主任楊潤東表示，該為喊出一中同表的洪秀柱按讚。他覺察到國民黨強調的「一中各表」，意在使兩岸永遠分離分治，造成事實上的「獨臺」。這些人反對洪秀柱的正確主張，在楊潤東看來，均屬私心太重。而馬英九欺騙了大陸八年，斷送了國民黨執政優勢。卻以為再任黨主席可繼續唬弄大陸，大陸已表明「九二共識」只能是一中原則，絕無「一中各表」。因此馬英九毫無民族大義的心態已被大陸看清，即使又任黨主席，應屬北京不歡迎的人物。（2016.10.28）

毛澤東曾指出我國歷史證明
統一是優良傳統

　　毛澤東從廿四史中，闡明一個重要特點，就是中華民族具有維護統一、反對分裂的堅固凝聚力和優良傳統。他說我們國家，是世界上各國中，統一歷史最長的大國。中間雖有幾次分裂，但總是短暫的。這說明中國各民族人民，熱愛團結，維護統一，反對分裂。足見倡導分裂者，必不得人心。

　　堅持統一還是搞分裂，是毛澤東評論歷史人物的一個重要標準。他認為秦始皇最大的功績就是既完成統一，又實行郡縣制，為中國長治久安的統一局面，奠定了牢固基礎。對歷史上搞分裂，破壞統一者，毛澤東一概加以譴責和批評。從毛澤東歷史觀，看新中國成立後，首先阻擋了列強欺凌，接著就要進行統一臺灣的工作，儘管迄今半個多世紀仍未能實現，唯此重擔已落在兩岸人民身上，尤其要寄託在睿智雄才大略的領導人身上，也是完成中華民族偉大復興「中國夢」的重要部分。屆時必能告慰為國為民一生辛勞犧牲奮鬥的孫中山、毛澤東等先賢於地下。

（2016.11.2）

劉國深對今日國民黨太不了解

　　在國民黨主席洪秀柱前往北京前夕，國內大老以及甫卸任的臺灣領導人馬英九等，均迫不及待似的「耳提面命」，要求洪秀柱必須向習近平說出「一中各表」四字，不能只提「九二共識」。其實國民黨元老和馬英九都是「獨臺」份子。是跟民進黨路線大同小異。「九二共識」是幌子，「一中各表」才是他們要的，也即是不宣布「一邊一國」的兩國論。這幫人都屬既得利益者，怎會願意統一。而真心愛我中華。認為中國必須統一才能偉大復興的洪秀柱，日前在被黨內重量級人士逼急了，便向馬英九反嗆，「為何你只講各表，不講統一？」直指出這群人「獨臺」心態。然而大陸研究臺灣的學者弄不清楚，如劉國深等，以為一中各表已屬一中，完全大錯。國民黨的「一中各表」是要中華民國永久存在，成了「一邊一國」的實質分裂，也是臺獨的目的。臺灣的統派人士雖少，但他們深知國民黨屬性早已變質為「藍皮綠骨」、「潛臺獨」。大陸與之打交道，必當誤時。（2016.10.26）

「一國兩制」非對每個地方皆適合

　　近日臺灣大學邀請兩名不願做中國人的青年政治人物，到臺大研究生協會演講。這兩人是新當選的香港立法會議員。唯在宣示就職時，拿出英文「香港不是中國的」布條，且把「中國」故意用日本屠殺中國人時的用語「支那」，令我國人民想起日本侵華年代被蹂躪宰割的傷痛。這兩人顯然不懂歷史，且內心充滿奴性。因為香港在英國殖民統治時，治港官員皆由英政府派任，哪有選舉，而港民乖乖的，誰敢出聲反對。今天回歸十餘年，問題卻越來越多，吃飽了撐著，竟然開始鬧分裂，遊行、抗議不斷，造成社會不安。而澳門實施「一國兩制」，人民感到享受安和樂利的幸福，生活遠比過去未回歸時好，被大家認為是最適合居住的好地方，因此澳門適合「一國兩制」。而香港弱智者多易受外國勢力進入挑撥，尤其奴性未改，需要強力管理，幾乎跟臺灣一樣，有奴性、不知好歹。回憶島上最安定、經濟最好時，是蔣家的威權時期，自從普選後，社會日漸不安、社會混亂，故奴性不改的香港、臺灣不適合「一國兩制」，必須一國一制才得平靜。（2016.10.25）

旺報社長對大陸制度無知
卻妄加評斷

大陸自改革開放後,臺灣便有幾位學者展開交流,深入研究其制度,發現大陸目前所施行的,是世界上最重視民意的制度。全國官員不論對內或外交等,均努力於為人民謀福祉。就解放軍而言也以維穩,使人民安全創業發展為重要任務。至於民主,是極實際的「新人民民主專政」,而與「專制」完全不同。其民主方式惠及全民,除從下到上,由基層至中央均屬公開選舉,而中央領導人之產生必是才德兼備,由基層經千錘百鍊推舉出的精英,真正的棟樑之才。而外界更不知道自毛澤東領政,首先視士兵為兄弟,長官與部屬強調民主管理,作戰前每個士兵均可盡情提出進攻意見,好的就要採納,部隊嚴禁打罵,官兵如手足兄弟,故常眾「智」成城,易打勝仗。近年大陸特殊的民主制度,已被歐美學者視為走在時代前端的民主典範。旺報媒體沒有真正了解大陸民主,不是只有正在「退潮」的鬥爭式,且為黨派操縱的假民主。目前臺灣民主正走在美式民主沒落之時,不求向大陸取經,還希望大

陸向後轉，學臺灣，豈不是笑話一樁。對大陸制度太不了解，才顯得夜郎自大之可憐。（2016.10.25）

臺灣是除美國外最不願見大陸崛起的地方

　　自從大陸改革開放、經濟起飛，各種建設快速發展，兩岸人民開始交流。唯看著大陸百業興盛，一片欣欣向榮的光景。然而一般人，特別是臺灣朝野人士，及各大媒體所表露出的不是為祖國超英趕美，甚至科技進步多項領先美國，經濟發展居世界各國之首而欽佩、為中國人終能富強康樂而高興，反而跟著嫉妒心強而不願中國強大的美國後面「反華」、「反中」。臺灣主流媒體對「反中」最露骨，派去北京的記者，對大陸一日千里的進步著墨極少，竟對負面新聞，或謠傳唱衰報導不遺餘力。菲律賓總統杜特蒂近來與大陸簽了十幾項合作項目，皆屬百年建構，是造福菲國人民的好事。臺灣駐北京記者發稿，內容卻均酸溜溜的，指「天上掉下來的杜特蒂，卻是因利結合」，「大陸能笑傲南海多久」。這種露骨的「反中」情緒，實屬中國人之恥，足證臺灣不正常的心態多麼泛濫普遍。有識之士咸認為臺灣如再不調整心態，繼續反中，未來將無好下場。（2016.10.23）

章家敦是貨真價實的
漢奸洋奴走狗

　　已入美國籍的章家敦，是美國長期豢養的走狗、中國大陸的賣國賊。他在美國唯一的工作，也是美國養他、給他的任務，就是不斷透過文字（出書最多），以杜撰或斷章取義，造謠醜化大陸、唱衰大陸，數十年來其「預測」沒一樣是說準的。李登輝早期便因看了他的瞎說，認為大陸崩潰在眼前。原先，依其投機性格，李已欲透過「國統綱領」、「國統會」等，與大陸和解，並進一步走上統一之路，成為中華民族歷史偉人，名垂青史，受到全體中國人永久尊敬，甚至是諾貝爾和平獎得主的榮譽。豈料章家敦的書影響了李氏的想法，終踏上邪路，成為欲罷不能的反中份子。想必年邁的李登輝眼看著大陸突破重重困難，迅速崛起莫之能禦，短短二、三十年綜合國力已迎頭趕上歐美，成為坐二望一、基礎堅實、人才濟濟、且能克服任何困難的富強大國。心裡想的定極複雜或悔恨。今又見洋奴章家敦稱日本將救臺灣，有點知識的人，皆知是現實版的天方夜譚。（2016.10.22）

大陸與臺灣任何交流接觸均應把「統一」放前面

大陸中央總書記習近平，在日前「紀念紅軍長征勝利八十週年大會」上，發表重要演講，提出「深入軍隊改革」、「從嚴治黨」，把人民放在最高位置。此外特別強調堅決維護國家統一，並指出堅決反對任何破壞統一和團結的分裂活動。他要求軍隊儘快做好打贏現代化戰爭的準備。

另據報導，南京軍區前副司令員王洪光撰文，透過「環球時報」指出，蔡英文雙十演說，暴露出臺獨真面目，武統的條件正在顯現。他確認目前臺灣主流民意就是臺獨。

王洪光依此事實，他建議解放軍做好武統的一切必要準備，呼籲所有涉臺單位人員，正視此嚴峻事實，不能再裝做不知道。他說今後與臺灣的所有接觸，均應先把統一大聲說出來。意即不認自己是中國人，不先談統一，就是臺獨，便不可交流。王洪光分析，「反分裂國家法」明訂在和平統一無望時，必須採行武統。習近平上述談話，應知臺灣實況，故對統一有急迫感，是大陸最重大的核心利益。（2016.10.24）

杜特蒂不願做美國走狗，
給臺灣朝野的啟示

　　為了百姓福祉，菲律賓棄美投華。菲外交部長雅賽表
示，「美國辜負了我們」、「我們不當任何一個國家的走
狗」。該國自一九四六年獨立，美國一直用一條無形的鎖
鏈控制菲國。把菲國當成無力實現真正獨立自由的棕色皮
膚小弟，只能對其依附屈從。杜特蒂看清美國對菲律賓所
做所為，只是在維護美國自己的利益，菲律賓不過被當成
圍堵中國的一粒棋子。杜氏北京之行獲得全面建設、經貿
發展等，滿足了菲國一切必要的需求，他親切坦誠的談話
感動著中國人民，北京之行已圓滿達成其心中的願望。對
美國無端要圍堵中國，並連結日本、臺灣以及菲律賓，形
成島鏈之勢，企圖阻礙中國正常發展。想不到最重要的菲
國竟突破美國的繫縛，投向與人為善的中國，果真能得到
多方面實際利益和幫助，造成多行不義的美國被世人看透
的窘相。從菲律賓看臺灣，也不出美國走狗的格局。然而
臺灣卻沒有一個如杜特蒂眼光和為人民幸福著想的領袖人
物，甘為美國吃定、擺弄。（2016.10.21）

貪官污吏必定自私和不愛國

　　日前大陸幾名掌大權的高官，因貪腐落馬後，其書面資料便曝光了。他們是前軍委副主席郭伯雄、徐才厚，及中央辦公室主任等，還有其他各級貪腐被懲處的官員。這些被公開的醜聞主角，是透過八集大型電視紀錄片播出，強調大陸反貪污腐敗措施將是「永遠在路上」，不會停止。影片中習總書記語重心長、極沉痛地說：「人民把權力交給我們，我們必須以身許黨許國，報黨報國，該做的事就要做，該得罪的人就要得罪，不得罪成百上千的腐敗份子，就要得罪十三億多人民，這是一筆再明白不過的政治賬，人民向背的仗」。我們除了讚賞敬佩習近平的智慧、能力與勇氣外，認為貪腐便是自私、叛黨、叛國，心中沒有人民、毫無服務精神、忘記公僕的責任，和報效黨國的神聖使命，是不夠資格擔當為人民服務的公僕。這情形在老一輩革命家身上是看不到的，毛澤東的中山裝看得見補綴；鄧小平逝世後，大家發現其內衣皆屬破舊。反觀貪腐和炫富，皆屬無知。（2016.10.20）

世界上任何被美國「保護」的國家和地區皆遭其擺弄

　　菲律賓總統杜特蒂，在南海問題上，不願被美國牽著鼻子走，欲把該國推向戰爭前沿。就在美國利用菲律賓當作糾纏中國發展的馬前卒之際，睿智的杜特蒂，為了和平解決爭端，並急於建設多年貧窮、百廢待興的國家。他體會到「只有中國可以幫助菲律賓」、「美國不會為菲律賓犧牲」，儘管美國官方及媒體全面唱衰，近似干涉其內政，但明智的杜特蒂不為所動。他將在和平互助原則下，對中國進行國是訪問，隨行官員和企業人士四百餘人。中國預期將採購菲國農林漁牧等各種產品，全面展開基礎建設，加入亞投行，與一帶一路的海上連接，此外軍火更新等，亦由中國支援。此番杜氏不但甩開多年美國架在菲國的枷鎖，更將與世界為善、真誠助人的泱泱大國──中國，提升為戰略合作夥伴關係，成為杜氏口中的兄弟之邦，意即阻斷其他國家從中分化破壞。（2016.10.19）

「一中各表」實質就是
兩個中國

　　大陸學者稱，北京未完全否定「一中各表」，這話聽起來模稜兩可。其實「一中原則」和「一中各表」，意義完全不同。「一中原則」是斬釘截鐵，指世上只有一個中國，沒有另一種解釋；然而「一中各表」大謬不然，它根本就「表」出另一個中國的存在。這是千真萬確護住了中華民國於臺灣的存在，也是大多數國民黨和其支持者的意願，和強力反對統一的憑藉，說穿了便是「兩國論」的隱藏版。故國民黨的「一中各表」與「維持現狀」被島內統派人士看得最清楚，即被稱為「獨臺」。在分裂企圖上，國民黨花樣多、陰柔巧妙，唬弄著大陸。而民進黨反倒是表裡如一，擺明了搞獨立，要跟大陸力抗。近日大陸學界對國民黨變相兩國論的「一中各表」給予想像空間，等於「一中原則」的退縮。將鼓勵「獨臺」加緊分離活動，並助長民進黨法理臺獨的周延布局。萬一無法實現，退一步還有「一中各表」實質一邊一國可供緩衝，在兩岸間，大陸仍屬輸家。（2016.10.19）

杜特蒂與中國和解
得實利更有尊嚴

　　菲律賓總統上任後，立即調整艾奎諾三世任內一面倒
向美國，卑躬屈膝任由擺布的不智政策。並抨擊美國傲慢
自大，擺脫對美國的依賴，尋求獨立自主的外交政策，讓
菲律賓揚眉吐氣、自尊的自由發展。在對抗和談判面前，
菲律賓選擇談判，認為因一片水而動武毫不足取。與中國
應多談友誼、經貿合作，少談分歧，戰爭不是出路。他尤
其反對他國插手南海事務，願與中國談共同開發此一海域
之事。他認為目前菲律賓百業待興，中國將為其興建鐵
路、港口，並連接各大島的橋樑等，還要向中國買武器、
船艦等，這將實質增加反恐安邦力量。總之，杜特蒂在
中、美兩國比較下，對美國極為不齒，卻不斷稱讚中國在
全球濟弱扶傾，所做所為都是利己利人，甚至捨己為人，
奉行和平互助的外交。言下之意跟美國交往，似是被利用
而只獲小利，聽其操縱，且多行不義、欺壓弱小、毫無公
平正義可言。杜特蒂毅然遠美親中，應屬英明領袖，是該
國之福。（2016.10.18）

從維基解密看希拉蕊‧柯林頓

最近網站公布民主黨總統候選人希拉蕊‧柯林頓競選團隊主席波德斯塔的私人電郵內容，談到希拉蕊的中國政策，似乎展現與中國有深仇大恨、不共戴天。赤裸裸表露其心胸狹窄、嫉妒心強、驕橫霸道、沒修養、格局小、學識不足的程度。她說如果中國無法阻止北韓發展核武和長程飛彈，美國可以用飛彈防禦系統包圍中國。中國聲稱擁有南海，美國可以聲稱太平洋是「美國海」。這些話不但十分幼稚，更讓大家發現她對中國歷史的無知，辦外交卻任性而不講道理。至於北韓研發核武及脫序「演出」，皆因美國一再對其挑釁、打壓，北韓的反應充其量只屬自衛，不願被大國欺凌而已。希拉蕊心中想的是「唯我獨尊」，世界上最重要的是美國利益，至於別國利益、死活皆不重要。故多行不義的結果逼出個「民不畏死」的「IS」集團，誓死與打著「民主招牌」，專做欺壓別國成性的美國頑抗到底。希拉蕊如果當選美國總統，肯定令這世界更不平靜。（2016.10.17）

習近平努力發揚中華文化
轉移全球風氣

在毛澤東的治國理念中，曾提出主張，要把古今中外對國家人民最好的東西融會貫通，使萎靡不振的社會注入新血，重新站起來。如今大陸繼鄧小平、江澤民、胡錦濤之後，又有雄才大略的習近平，令快速崛起的步伐百尺竿頭更進一步。除對內整治貪腐、發展經濟、全面建設、不斷提升人民福祉外；在外交、軍事等百行百業蓬勃躍進時，再以一帶一路、亞投行的提出與施行，以利己利人的宏偉思路，惠及世界各國，特別是照顧弱小落後的小國。他也有雄心要把我國古聖先賢以人為本、仁愛互助的博大精深中華文化，推展到世界各地，以轉移人類無謂的鬥爭，甚至彼此仇視與殺戮的惡劣風氣。人類研究科學，創造、發明，不應是為了互相殘殺，而是要讓生活更好、更幸福，絕不能往自相矛盾、增加惡性競爭的恐怖方向走，給人類帶來災難。有鑑於此，習近平乃大力提倡仁民愛物、民胞物與，連禽獸都視如同類的愛心，必然對人類貢獻深遠偉大，應受歡迎。（2016.10.16）

大陸可能制訂
「國家統一法」以促統

在民進黨政府拒不承認「九二共識」情形下，大陸人大代表提案設「國家統一法」，將從根本上解決臺灣問題。

據大陸全國人大代表李義虎（亦為北京大學臺灣研究院院長）稱，儘管大陸的「手」還伸不到臺灣內部，但看到兩岸情勢變化，使大陸決定強化涵蓋政治、經濟、法律、文化、思想、對外等各方面，要讓蔡政府感受到極大的威懾力。那就是由全國人大，在「反分裂國家法」之外，再擬定一套促統的「國家統一法」，透過法律對臺進一步約束。將對臺獨份子依法定罪，或依「國安法」適用疆獨、藏獨與臺獨，可包含全國分裂份子。另外，較特別的是「反分裂國家法」，是專針對臺灣的。其內容是：凡有造成臺獨事實的事變，或和平統一可能性完全喪失，得依法以非和平手段統一。目前臺灣反統趨獨的狀況，令大陸對統一有急迫感，認為拖延對統一更不利，代價也最大，故大陸涉臺人士及廣大民意，皆主張應趁早解決統一問題，是重大的國家核心利益，也是民族偉大復興、完成「中國夢」不可或缺的組成部分。（2016.10.16）

國共論壇對兩岸統一影響有限

　　據媒體報導，大陸國臺辦與國民黨日前同步宣布，國共論壇（兩岸和平發展論壇），將以民間團體共同舉辦的形式，於十一月二、三兩日在北京舉行，國民黨主席洪秀柱可望與中共總書記習近平舉行「洪習會」。洪秀柱深明民族大義，主張兩岸同屬一中，即是希望兩岸和平統一，使中華民族全面偉大復興。在此無任何力量可以阻擋的趨勢下，臺灣應做出明智的選擇。不過洪秀柱在已經步向「獨臺」主流意識的壓力下，該黨重量級大老等，竟嚴厲要求洪秀柱在與大陸會談時，一定要在「九二共識」後面不忘「一中各表」，即堅持不成文的「兩國論」，其涵意是反對統一的。相較於民進黨追求獨立，這只是百步與五十步的差異。我們認為假如洪秀柱在「獨臺」意識龐大壓力下，要是真的屈從而提出「一中各表」一邊一國的說辭，則大陸期望便完全落空，而國民黨的「獨臺」和民進黨的「臺獨」，正是「一丘之貉」，皆屬反統的主力，洪秀柱實難左右。（2016.10.14）

大陸學者李毅如古代謀士般料敵如神

　　祖國大陸研究臺灣的學者專家，及不斷來往兩岸的國臺辦們，對臺灣人民的心態，和國民黨與民進黨實況，似乎一直缺乏深入了解，致兩岸交流多年，兩千三百萬島民卻與大陸越走越遠。就連臺獨領袖人物蔡英文，當選總統，大陸學者竟還不知時間寶貴，一再擬出理由，從「五二〇」起，左等右等希望等到蔡英文能說出「九二共識」的好消息，經一一失望仍不死心，硬要等到蔡英文十月十日演講內容，仍無「九二共識」才算死心。不過中國人民大學重陽研究院研究員李毅，元月來臺觀選後，就一針見血的指出「和平統一已無可能」。他分析，蔡英文永不會承認「九二共識」及兩岸同屬一中。如今李毅的多方判斷，均在蔡英文幾次對外宣布中被證實了，讓大家了解民進黨推動獨立的意志如鐵石般堅強，甚至為獨立而犧牲都在所不惜。李毅認為這「毒瘤」越快割除越好，我們認為李毅對臺的了解最深入而正確。（2016.10.15）

大陸火箭砲射程覆蓋全臺
無法防禦

　　據「解放軍報」透露，一種名為「衛士」的新型火箭砲，是專為「打臺獨」研發的。「衛士」火箭炮的特點是能夠「萬箭齊發」，任何防禦系統對它均無效。其有效射程達三百六十公里，故全臺灣均在其打擊範圍內，且造價低廉，每彈殺傷半徑四百五十公尺，使用全球衛星定位，可對特定目標採取精準打擊。該火箭並配備威力強大的高爆彈、子母彈、燃燒彈、鑽地彈等。另有紅外線及雷射作彈導修正，以連為單位配備，運載車具自動裝填系統，打完即自動裝填。據了解，「衛士」火箭目前是世界上極先進、完善、威力強大的地對地戰術火箭，它綜合採用導彈、火箭、衛星、電子等諸多先進科技，故有射程遠、火力強、覆蓋面大、能攻擊縱深目標，價格低廉、效費比高，其攻擊效果超過戰術導彈。臺灣媒體未充分報導，還把射程縮短太多，是資訊不足，還是故意欺騙島民，不得而知。（2016.10.7）

臺灣民間參與國際活動
應有具體條件

　　蔡英文以公開信表明反中抗中，將帶領民進黨及一向被黨派操弄、牽著鼻子走的廣大民眾，積極往分裂國土和獨立目標前進，並決定以百億巨款向美國購買「力抗」大陸的先進武器。美總統歐巴馬日前也表示，在離職前將再批准一項售臺武器，增加蔡英文抗中的力量與信心。我們發現大陸縮緊臺灣各項措施，希望用非武力達到困逼臺獨，促其重新思考兩岸關係。不過最近由於大陸鬆綁民間交流。及民間參與國際社會，並以為得計，其實大謬不然。殊不知這正是蔡政府要的。因為臺灣民間內心深處的想法多半和蔡英文分裂思想不謀而合，故只要臺灣民間能與大陸交流，且可進行國際參與，在蔡政府看來就是突破，她必感到安慰與滿意，更看扁大陸終不會完全斬斷與臺灣的關係，否則將導致臺商不滿和反中。我們認為想有效困住臺獨、放鬆民間參與國際事務應有條件，即必須表明反獨，且以中華人民共和國為出席參與名稱，即「中國臺灣」，否則定弄巧成拙，甚為不智。（2016.10.5）

大陸的政治制度必須走適合
自己國情的道路

　　祖國大陸十八屆六中全會召開前夕，有學者提出「新權威主義」，一般認為有挺習近平領導模式意涵。學者們更指出，大陸的新權威主義在追求市場經濟的同時，更大程度利用了一黨政治的資本，提供社會整合能力，使之能以政治專業的特長進行穩步、快速發展。簡言之，「新權威主義」即是建立強而有力、具現代化導向的權威政治。並強調在市場經濟充分發展後，始真正建立民主政治。其實只要了解毛澤東思想理論，及其主政所施行的「新人民民主專政」，就知道這是對內行精英主政、民主為適合中國國情的「人民民主」，而「專政」是對一切反動派，與背叛國家等漢奸賣國賊、貪污腐敗和列強欺凌的抗擊、消除。這與「專制」完全不同。此外政治採精英（政治專業科學化），不可由百姓胡亂票選，這才是國家快速崛起的關鍵。因此如不懂中國的人希望走臺灣畸形民主之路，則可斷言將全面混亂而崩潰，十幾億難民定成全球禍害。

（2016.10.4）

「統一大於和平」，大陸要臺灣必須往統一方向走

對於蔡英文給民進黨的信，呼籲要「力抗中國的壓力」，大陸認為是赤裸裸的要與大陸展開對抗，乃隨即透過媒體提出嚴重警告，指出臺灣方面應徹底明白，在和平統一的表述之下，「統一要大於和平。」一旦統一不在，和平將立刻不見，何能存續？並認為「力抗中國」太天真，大陸發現兩岸關係的癥結，就是臺灣人民，特別是民進黨，把大陸和平統一，當成和平至上是唯一選項，「算準」大陸不敢動武，故拿著大陸的善意在島內操弄民意。近數十年來，大陸強調的和平統一，竟被民進黨視為搞獨立的最大保障。同樣國民黨認為大陸默許「一中各表」，可名正言順成兩岸「一邊一國」；從洪秀柱主張「兩岸一中」硬被拉下總統候選人，及最近洪秀柱重提「一中同表」遭該黨大老及黨委們圍剿，並放話必修正為「一中各表」，否則下任黨主席定將換人。可見「一中各表」在國民黨維持「一邊一國」是多麼重要。因此大陸「打獨」、「滅獨」，要正告國民黨已無「一中各表」了。（2016.10.2）

兩岸關係是改朝換代歷史的必然

　　大陸涉臺人士在蔡英文上任四個多月後，發現蔡英文仍未如這些人的期待，對拒認「九二共識」有所鬆動。乃又為蔡英文設想，指出如果蔡英文能說出「兩岸不是國與國關係」，將會是一大進步。自蔡英文五二〇就職以來，似乎大陸涉臺人士對臺獨領袖蔡英文，像對驕弱任性的「小公主」般，哄來哄去，把民族大義、堂堂正正的大國形象降格，對臺獨一再軟化。此外主張臺獨的民進黨，有意無意的以馬英九主政八年，獲得最佳養肥壯大的時機，終於輕易擊敗理念「殊途同歸」暗獨的國民黨，獲得分裂國土、實現多年獨立夢的最佳時機。而遭受慘敗的國民黨權威人士反而如釋重負，「九二共識」難丟的包袱，藉敗選樂得棄除。至於內心企盼的「獨臺」、「一邊一國」可暗中力挺其實現。這些詭詐複雜的現狀，大陸學者涉臺人士哪裡知道？因此我們從歷史的明鑑，兩岸應及早實現改朝換代，走上正常國家之途，結束拉扯拖延，方能全面發展。

（2016.9.28）

蔡英文宣布「力抗中國」 打臉大陸學者

　　就在一般大陸研究臺灣問題的學者，正繼續期待蔡英文可能於十月十日臺灣雙十節「國慶」大會上，說出大陸滿意的最終「答卷」時，想不到身兼民進黨主席的蔡英文總統，九月廿九日公布了「給民進黨黨員的信」，呼籲大家要力抗「中國」的壓力，發展與其他國家的關係，更要擺脫對「中國」的過度依賴，塑造一個健康的、正常的經濟關係。蔡英文藉慶祝該黨黨慶，已向世界宣誓了「獨立建國」的目標，同時對大陸涉臺學者一一打臉，足證他們研究臺灣問題太膚淺，連民進黨屬性、領導人思想全不了解。同樣更不察今日的國民黨核心人物，均屬自私自利的「獨臺」，其騙取大陸利益，以「維持現狀」，使兩岸自然成為「一邊一國」的實景，用「外交休兵」維護現代國家必有的「領土」、「主權」、「人民」及「多國承認」等四大要素，成為不宣布獨立的獨立國體。這些明的、暗的、極技巧的搞分裂手段，大陸與臺灣交流數十年，仍未摸清楚、直至蔡英文率真告白，才如夢初醒。（2016.10.1）

旺報廿七日社評「大陸忍令臺灣淪為飛安孤島」應屬臺獨思維

由於臺灣未受邀出席 ICAO 國際民航大會，旺報也和臺灣傾獨媒體一樣，以飛安問題指責中國大陸如何不是，忍心妄顧臺灣航空安全等。其實這是臺獨想法，因為在大陸看來，臺灣只不過是大陸的一個小省。大陸那麼多大省和大都市，皆沒有單獨出去參加國際民航組織大會，只有國家的代表才能（有資格）出席。既然如此，臺灣地區已由大國代表了，又豈有「淪為飛安孤島」之事。照旺報社評言論，應是站在臺獨立場發言，只要臺灣不背叛祖國，在祖國的土地上，必然和其他各省市地區無異，皆享有即時獲得的任何飛航相關資訊。絕不會自憐的比如孤島。

旺報以「認識中國大陸，掌握世界未來」為宗旨，自應深知大陸視臺灣為其一省，而未來世界上一定只有一個中國，不可能「天有二日」，這是任何力量無法改變的。以旺報對大陸的了解，實不該人云亦云，為分裂勢力說話，失去正義感，進而令讀者失望。（2016.9.27）

國民黨的「獨臺」是比民進黨更「毒」的臺獨

　　國民黨主席洪秀柱，是深明民族大義，在國民黨中毫無私心、尊重歷史、具遠見、方向正確、又勇氣十足的罕見領導人。不過最近她為對歷史負責，要引領迷失多年的國民黨，找回　國父孫中山遺訓，使兩岸的共產黨與國民黨和平及合作達到國家統一。乃力推「九二共識」外的另一種選擇，即只有「九二共識」的「和平政綱」。唯因「九二共識」後，未引用「一中各表」，立即引起黨籍立委群起反彈，吳敦義、郝龍斌，與郝柏村等重量級人物專程在美國演講，特別強調「九二共識」後面不可少的是「一中各表」，絕不允許洪秀柱的「一中同表」。從國民黨多數主張「一中各表」的嚴厲要求，可知居心就在「一邊一國」永不統一的圖謀。故民進黨是明獨，而國民黨則是極端滑頭，不但不知民族大義，更不尊重　國父孫中山對黨的重要期望，甚至變質為「獨臺黨」。孫中山先生如地下有知，定是永難瞑目。（2016.9.28）

在習近平進行國家統一的壓力下，臺灣出現五花八門的拒統主張

目前的臺灣，在習近平倡議兩岸不能一代代拖延統一，必須在「我們這一代完成統一大業」的急迫感下，大陸促統的聲勢越來越強。似乎看穿臺灣將永如馬英九所提倡的「不統、不獨、不武」，加上「一中各表」。理直氣壯走「一邊一國」，且可大佔大陸便宜，以強化內部拒統力量，甚至騙出了「馬習會」兩岸一家親的假象。及至島內爆發反中抗中運動，馬政府竟放任臺獨勢力蔓延，更把從大陸賺得的錢，撥巨款向歐美採購先進武器以防統。凡此種種騙得了大陸學者與基層國臺辦，卻逃不過習近平的法眼，故在民進黨主政後，大陸只給該黨一條路，就是通往一個中國的路。儘管臺灣媒體和學者不時提出各種可以維持「一邊一國」煙霧彈式的花樣，期達「軟性拒統」目的，希望能用各種花言巧語繼續欺騙大陸，成功獲得實質的「兩國」，即中華民國長期存在的設想。假如得逞，中華人民共和國和中華民國並存，兩岸不能統一，還稱得上是正常國家嗎？（2016.9.28）

民進黨如承認「九二共識」， 就不是民進黨了

　　民進黨是臺灣一夥分裂國土思想者，為追求獨立而成立的黨。因此它有「臺獨黨綱」及「臺灣前途決議文」等具體目標。大陸一些學者、專家等智庫卻忽略民進黨的本質，是要衝破層層險阻，努力奮鬥以達到臺灣正式獨立，才算完成他們的理想。然而面對這樣的民進黨，尤其在其大勝國民黨，取得臺灣執政權後，已在往獨立之路上跨出了一大步，他們怎麼會回頭走國民黨的「維持現狀」？故民進黨主政後，急於做的事不是為居民謀福祉，而是照顧太陽花反中青年、取消課綱微調、鞏固邦交國、改向「南進」、重視三軍戰力、增購先進武器、並訴求進軍聯合國等等。其「大老」們更認為此番主政，由於反中和不願統一的人民佔大多數，可謂「形勢大好」，實現獨立在望。而大陸這批研究臺灣問題的「專家」，竟不斷等民進黨「髮夾彎」，豈非誤判情況、緣木求魚，不知何謂「民進黨」了。（2016.9.25）

大陸將以內規處理臺灣問題

　　大陸看出民進黨不會放棄臺獨路線，與蔡政府玩弄文字遊戲，只會拖延統一時間。因此乃透過核心智庫金燦榮，強硬指出對國家領土內製造分裂，必須及時而徹底的剷除，並宣布五年內將完成處理。金燦榮強調，對臺方針分為四階段，即觀察、施壓、對抗、衝突。他同時估計，約五年後，大陸軍事實力會讓美國不願介入臺灣，屆時臺灣問題就變成在自己國家裡，如何培養新幹部進行接管的問題。金燦榮說：「站在臺灣同胞立場為他們有點擔憂，但從中華民族復興角度講，有一點興奮。」他分析觀察期約半年，蔡英文如不知覺悟，接下來便會開始施壓，包括經濟、外交（邦交國等均在衝擊內）。如仍不知回頭，約在二〇二〇年便會進入對抗，立刻陷入軍事對抗，實際威懾。衝突一旦引起，他認為：「上午習主習發命令，下午臺灣問題便會解決了。」明眼人馬上知道這是最後通牒，並且非正式地宣布了統一時間表，這絕不可等閒視之，應非戲言。（2016.6.5）

臺灣問題如期「將來」，何不「現在」

　　目前臺灣島內自從政黨輪替後，實際往獨立方面前進的民進黨，就現在民意支持，以及美、日援助下，已漸漸產生盲目自信，對未來達到分裂而獨立均抱持旺盛的憧憬希望。

　　然而事實正好相反，對於國土問題，從十三億七千萬人民到最高領導層，絕不會有絲毫退讓。大陸不惜付出任何代價確保、維護釣魚臺及南海各島礁，便是證明。不但如此，由於大陸發現臺灣執政者明顯聯美、日對抗大陸，因此對兩岸統一已有萬無一失的多種「對案」，故對於收回臺灣已有急迫感，以免夜長夢多，所要付出的代價將會更大。照兩岸實力（包括軍事、經濟、外交等），大陸都佔絕對優勢。常言道人要識時務，千萬不要弄到敬酒不吃吃罰酒。只要看透這一層，如果蔡英文能及時清醒，為兩岸統一舖出坦途，則一念之間，將可從遺臭萬年，成為永垂青史、流芳百世的偉人，超越臺灣歷屆領導人的思維與格局。（2016.6.4）

臺灣問題不能久拖才是真道理

　　凡是希望我國富強、團結奮鬥抵抗列強的愛國人士，沒有不企盼海峽兩岸早日統一的。到目前海峽兩岸已分治六十七年了，單從改革開放，兩岸開始交流也已卅年了。國家不統一，兩岸均遭受莫大損失，願意拖延不統的人，絕大多數居住臺灣，且屬有錢有勢既得利益者，這些人盡是引領其他民眾反中拒統者。如今這些人將島內政權操在手上，儘管對外高唱和平、維持現狀，並以中華民國憲法做盾牌，令大陸一時難翻臉，還附帶有向大陸傾斜意味。總之洞悉島內真實面者，不難知道他們只是在千方百計穩住大陸，一則在經濟上能取所需，二則在分離措施上以能達到實際功效為主。表面上敷衍、唬弄、哄騙，認為爭取拖延下去，就有成功獨立機會。習近平的「地動山搖」、「兩岸統一不能一代一代拖延下去」這些對臺獨聽來很刺耳的話，現在不是一一被當政者截住了嗎？我們看中外古今歷史，多由武力統一，希望兩岸人民有東西德人民的智慧，使國家強大。（2016.6.1）

統一臺灣應是國家大政方針

中國人沒有不希望海峽兩岸早日統一，成為正常的富強大國。目前核心鐵板一塊，長久處心積慮往臺灣獨立目標邁進的民進黨，在民眾以壓倒性投票選擇了分裂勢力後，很顯然島內人民內心多數傾向獨立，這情形血淋淋的證明了，什麼「讓利」、「兩岸一家親」等等，只是大陸一廂情願，自作多情而已。說難聽一點，就是對島內實情太無知。習近平曾強調沒有「九二共識」、「兩岸同屬一個中國」就要「地動山搖」。豈料五二〇已過，臺獨教母蔡英文似是而非、曲折閃躲的一篇像煙霧彈的話，立即引起大陸各政府單位和智庫學者多種解釋與看法，不滿意的、尚可接受的，可以停、聽、看的，總之莫衷一是，暴露出對臺獨太不了解，這豈是聽幾句話就能分辨統、獨的。更不會因為短時間應付的施為便會改變的，否則也不會拖延如此之久，臺灣反統的勢力竟達到接近全面性的程度，故統一與讓利、兩岸一家親毫無關係，而是應視國家需要而改變方針。（2016.6.1）

周密設計走向獨立的蔡英文

　　曾為李登輝設計「兩國論」的蔡英文，接任領導當天的一篇演講，便穩住了大陸的智庫們，化解了「地動山搖」。接著，對內廢除課綱微調，穩固臺獨教育，撤銷逢中必反的太陽花大批學運份子的法律審判，經濟上進行脫離大陸而積極南進，並努力走向世界，軍事上加強精神教導對「國家」效忠，鼓勵軍工單位研製三軍先進武器，外交緊抱美、日兩國，其關係超過李、陳、馬各屆，並致電日首相胞弟來臺密會蔡，而美國歷屆在臺協會主管同時為蔡打氣，支持與稱許其作為。最特別罕見的，是與臺灣中斷廿四年合作關係的美國參院軍委會主席馬凱，亦率團到臺灣拜會蔡英文，表示將敦促美國行政部門續售臺武器，再強化雙邊在軍事安全上深化合作等。蔡英文更向外大力宣揚臺灣為「民主典範」，以博得歐洲重視與支持，有利於協助獨立。凡此種種，皆屬迅速走向臺獨的紮實明顯的行動。這些事是五二〇後十五天就做出來的，大陸智庫還說要觀其行，難道以上事實都不算「行」？是否要等臺灣正是宣布獨立了才算呢？（2016.6.6）

臺商在大陸數十年卻未對
兩岸統一做出貢獻

　　自改革開放後，臺商不斷投入大陸崛起的大潮，迄今已超過百萬人，然而大陸只知交流、優惠，卻未做有利於統一之事，以配合與有效運用，以致一般臺商視大陸為「中國」，好做生意賺錢而已。甚至亦有大賺其錢，回來支持臺獨，藉兩岸經貿交流，使臺灣更能購買抗統的新式武器。因此我們認為，大陸臺商政策應屬失敗。對於臺商及陸委會、海基會的協商和經貿談判，皆應以「一個中國原則」為基礎，所有銷陸產品（包括工、農等）一定必須全部標示「中國臺灣」才准進口，否則必然等於助長臺獨。過去的國臺辦做法，實則是令臺灣幾乎全面反中，導致獨立思想高漲；經濟利多，則加強對抗大陸的軍事力量也不斷升級，並在外交、宣傳等方面做得更紮實；支持臺獨的美國、日本則對臺灣分裂形勢增加信心。因此今後大陸的臺商政策及經貿交流必與統一有關，統一是兩岸交流的重點，特別是馬英九主政，海協大加稱讚，竟忽略這正是最大失焦，讓臺獨大發展的時期。（2016.6.10）

洪素珠事件只是普遍反中
的冰山一角

　　大陸改革開放，兩岸交流迄今數十年了，在臺灣有一種奇怪的現象，就是在任何場合、或三五好友相聚，不能有人稱讚大陸某方面的進步或成就，否則會被視為異類，甚至勸你不要信大陸的一切，指那都是樣板而已。包括臺商返臺與親友相見，談到大陸幾乎都是負面話題，像是工人沒有宗教信仰，就批評「無神論」太可怕，讓老闆無法用神、佛震懾員工，抱怨大陸員工很難被嚇到，這竟也是向臺灣親朋訴苦的話題。

　　還有一些媒體工作者，從大陸回來，常會在朋友間大吹他曾把大陸官員訓了一頓，或在公共場所制止插隊等。總之大家在一起會自然避談大陸，即使偶爾談到，必然是出醜、難聽的，否則宣揚大陸好的，便成眾矢之的，遭到群起撻伐，一般朋友會敬你而遠之。因此出現洪素珠這樣的人，應不足為怪了。（2016.6.14）

蔡英文拒統之心，路人皆知

　　民進黨主政後，臺獨運動趨於積極，從內部到外部工作正在有計畫的推進中。對內以建立鞏固的思想基礎，由教育去中國化，灌輸青少年臺獨觀念，視大陸為鄰國，故其主政後迫不及待先在學生教科書課綱上動手。隨即在經濟上要脫離依賴「中國」，大力主張南進，以及加強向歐美發展。而最暴露出鐵桿臺獨，不惜武力拒統，要為獨立硬拚到底決心的做法，便是強化三軍，諸如待遇、士氣、裝備、武器、訓練等，以提升戰鬥力為主，減少支援民間需要的救災、清掃、運輸等工作。這些用意擺明了就是為走向獨立作妥善安排，在外交上除抓緊美、日外，要綁緊各邦交國，並用「自由民主典範」向世界宣揚，企望博得同情，在分離獨立時加分。像這般赤裸搞獨立，凡關心兩岸問題的國內外人士均看在眼裡，卻只有大陸部分「智庫」學者仍抱期待其轉變，必誤軍國大事，也將間接成為民族罪人。（2016.6.15）

大陸統一臺灣的大政方針
不應因國民黨而更動

　　一向以維護「中華民國」而不願統一的國民黨，在選舉大敗後，見大陸對臺徹底失望，自然為了完成全民族的統一期待，將改弦易轍，擬訂各種加快達成國家統一的斷然措施。正當此時，在臺灣面臨崩潰的國民黨，恐怕是不願見統一後的一國一制影響他們的既得利益，故弄出些花樣投向北京，號稱「打破兩岸僵局」，要推「洪習會」，並由青工總會代表與國臺辦交流，企圖把統一延緩下去。

　　我們認為任何交流都是好事，唯希望大陸對臺的「大政方針」絕不動搖，即不受國民黨的示好而絲毫鬆動，仍照原計畫推進。同時今後跟國民黨打交道，應把統一擺前面，否則仍不免落入拖延時間的陷阱。大陸方面應知國民黨要翻身和民進黨要抗統獨立均需要時間，日子拖得越長，對國、民兩黨皆有利，所謂「以拖待變，才有機會」，如任何交流均把「統一」放在前面，則到北京的臺灣人，究竟明不明白民族大義，或別有用心，就像在照妖鏡前立見忠奸，省去無謂交往。（2016.6）

為臺灣而戰是遺臭萬年的犧牲

　　我國自古用兵必然是正義之師，軍人的目標亦清晰光明，在求保家衛國，或為抵禦外侮，或為國家統一，又如起而推翻暴政的革命軍等。在這類戰爭中，一旦負傷或犧牲，則死是重如泰山、名垂千古，永為後人敬仰懷念弔祭。

　　但相反的恰似臺灣，不知民族大義崛起復興，投入配合參與建設，共同抗拒列強繼續擾亂與圍堵我國，使早期國共兩黨鬥爭遺留的政治分歧早日消除，趨於統一。反而像佔山為王似的，拉攏曾無情欺凌我國的列強，反抗統一。一旦爆發戰爭（自然是最後不得已的情況），則定有傷亡，臺灣新任軍頭勉勵軍人：「戰爭來時含笑為臺灣犧牲。」殊不知此犧牲不但輕如鴻毛，且將遺臭萬年，是最不值得的傷亡。另從中華民族光輝歷史觀之，臺獨等（含國民黨）拒絕國家大一統，並公然綁住島上人民，全力抗拒統一；以宗教觀點來看，簡直天理不容，尤妄想促使年輕人為不義而送死，實在荒唐。（2016.6）

今日兩岸問題應直接升高至
研究統一方式

　　馬英九常掛在嘴邊自誇的「九二共識」，雖促成了兩岸熱絡大交流，並穩住了大陸對臺的各項控制與抵制。但事實證明，馬的「九二共識」表面上達到了經濟活水、外交休兵、軍購加大，暗中卻充實了未來拒統的力量。鐵的事證是馬政府八年來除拉緊以中國大陸為敵的美帝，和時刻不忘侵犯我國的小日本，對島內放任臺獨發展，乃因其內心是反對統一的。所以八年不算短的時間，已使島內民眾腦海裡沒有祖國大陸，普遍視「中國」是臺灣鄰國，儘管大陸對臺讓利，並拉攏青年。但只要他們回到臺灣，依舊是臺獨想法。故兩岸談「九二共識」僅等於浪費統一的時間，是以拖待變、等待時機一舉獨立的廣大「企獨」人士最需要的緩衝柵欄。因此我們認為與臺灣的任何接觸，除直接曉以民族大義，還應皆把統一問題說在前面，否則統一必遙遙無期。國民黨就是利用「九二共識」大打迷糊仗，一拖八年，使大多數島民支持獨立。當前大部分臺灣人願作美、日走狗，就是放在眼前的例子。唉！毛澤東從不被騙的睿智，今日難見。（2016.6.17）

臺獨提新黨綱，大陸智庫復陷入文字遊戲而不知

　　善於耍弄文字佔便宜的臺獨人士，因南進與開拓脫陸貿易皆需充裕時間，也恐突破大陸降利或致經濟封鎖，造成主政者立即的困境，乃想出以「維持現狀」增設「新黨綱」（未提廢除原臺獨黨綱）。果然風聲一出，立刻引來大陸各涉臺單位不約而同的為此動了起來，紛紛發出分析，反應極端重視，似乎期待臺獨忽然改變幾十年不斷邁向獨立，以及島內多數人「一邊一國」的思維。而成功達到臺獨全面執政的成果，在這種情況下，會把幾十年累積的一切化為烏有，這幫人怎麼會真心向中國大陸靠攏。我們認為今後大陸各涉臺機構與人員，不應隨國、民兩黨任何「點子」起舞，只管與政府方面研究如何達到中華民族偉大復興，擬定各種完成國家統一的歷史偉業，才是正途。（2016.6.18）

兩岸一旦統一，臺灣不適合「一國兩制」

　　鄧小平主張的「一國兩制」立意極佳，唯先在香港實行，便發現問題叢生。如此彈丸之地，即弄得動盪不安，善良守法的百姓生活不能安寧，外國不懷好意的勢力滲入，製造動亂，給政府不斷添麻煩，完全辜負了「一國兩制」港人治港，達到居民富裕康樂的美好初衷。由此我們認為臺灣統一後更不可用「一國兩制」辦法，否則管理上將較香港難上百倍。而外國勢力，及反中之苗更是難以防患。何況臺島地理位置險要，必須進駐各軍種和建設國防設施，則美日處心積慮的圍堵，南海、東海等問題均自然化解。對島內以一國一制施行，只要管控住分離份子，一般人民只要大力讓利，協助各項建設，大家安居樂業，人人收入增加，生活比過去都好，皆以身為泱泱大國人民為傲。屆時洋人等欲插手掀波，也找不到下手的機會了。習近平大一統的中國夢完美實現，新中國至此才算全面站起來了。（2016.6）

一國一制下始令島民認識
大陸制度之優越

　　國立臺南大學大陸交換生董玥，寫了一篇題為「他們眼中那個失真的大陸」的文章，直接寫出一般人眼中的大陸完全失真了，且充滿著誤解與偏見。董玥在臺灣經過相當時間的體驗觀察，發現臺灣居民高唱的「民主」表現的是散漫；而強調的「人權」只是過於放縱；至於所謂「自由」卻是失序和無序。臺灣人不以為然的一黨專政，正是泱泱大國得以統一和發展的根基。董玥覺得臺灣人皆似「渾渾噩噩」，難怪被大前研一指為普遍弱智，才會由美、日操弄牽著鼻子走。董玥覺得更可怕的是「文化臺獨」、「去中國化」，教育有計畫的橫行，將年輕一代徹底洗腦，交流接觸的均為「你們中國」、「我們國家臺灣」。董玥的文章發表在六月十九日的旺報，她擔憂大陸任何讓利及支持臺灣，應難以改變臺獨心態。我們多年來只發現臺大已故著名教授顏元叔，和中央研究院政治學院士朱雲鵬，曾為文介紹大陸之驚人成就，乃是因制度優越的結果，歐洲學者亦曾大加稱讚。

　　大陸應知，馬英九八年的「九二共識」讓臺獨基礎建

得更牢固。故應只策劃如何統一,不該期待「九二共識」
的口惠。(2016.6.20)

美國希望臺獨只以事實為主，不須形式

　　臺灣永久維持現狀，最合美國想法。這是美國在臺協會臺北處長梅建華最近公開表達兩岸關係的意見。因此他對蔡英文南向政策決定大力支持，使臺灣經濟不再依賴大陸。

　　梅建華指出，兩岸統一將強化中國勢力，同時美國也無法再以臺灣來牽制大陸，因此他認為維持現狀最好。言下之意即是不宣布獨立的獨立，美國為馬英九設計「不統、不獨、不武」，成功的使兩岸和平賺利，而臺灣分離意識竟瀰漫全島，大陸「兩岸一家親」等一廂情願的熱切期待應屬南柯一夢，被美國佬和對美國言聽計從的馬英九騙了八年，大陸部分學者迄今仍未清醒。今國臺辦還要等待復談，即使蔡英文再耍一招開啟「維持現狀」的驚喜，臺灣照樣是美國反華的棋子而已。目前我們認為大陸急迫的是如何快步統一，而不是繼續馬英九式的糾纏在言詞與交流拖延時間，用無形的手法消耗了統一的政策。我們實在不願見大陸敗在與美、臺鬥智之下，而誤了國事。

（2016.6.22）

被稱為大陸「鴿派」的資深
外交官吳建民車禍辭世

　　吳健民享年七十七歲，曾任毛澤東法語翻譯。任駐法國大使時表現傑出，獲法國總統親自頒勳。被譽鴿派，是因其溫文儒雅，凡事主張協調溝通，認為任何事靠和平理念就能解決。他認為世界已走到「和平發展」的主軸，「戰爭思維不僅過時，甚至是極端」，認為「不惜一戰」背離國際發展潮流。然而盱衡國際現實，以超級大國美國而言，不但處處動用武力，且為求一國私利，公然繞過聯合國，進行非理性用兵，造成伊拉克無數平民傷亡，又把其領導人吊死。另如對不聽美國話的利比亞，也是如此對待。又如習近平日前在南斯拉夫的塞爾維亞中國駐當地大使館，憑弔被美帝鎖定轟炸的三名中國記者。而最令人對美霸難以原諒的是，長期操縱臺灣，阻礙中國統一，並對中國崛起嫉妒，聯合中國周邊國家進行仇恨式的圍堵，在國際間製造「中國威脅論」。南海問題也是美國弄出來，在軍事上除世界布局控制外，也在南海耀武揚威，遺憾的是，吳建民生前竟未注意到。（2016.6）

從臺灣詐騙集團全球布局談起

　　近年來在世界許多國家破獲的詐騙集團，幾乎都是臺籍人士為主謀者。最近又在柬埔寨抓到一批電信詐騙嫌犯，目前臺灣騙子之多已世界聞名。談到騙人，這些騙子只算小焉者。真正大騙子，能把島民騙得團團轉，甚至使人一再受騙而樂此不疲，從不清醒記取教訓。這種大騙子，則非國、民兩黨政治人物莫屬。首先暫且不談國民黨早年曾發誓三、五年重返大陸的空話不談，單以馬英九當年曾斬釘截鐵保證實現政見，拖到八年後下臺了，開始享受退休元首優厚待遇了，仍未落實，反而留下個爛攤子而已。如今上臺的臺獨領導，一開始發言就破綻難掩，明明是鐵桿臺獨，卻不敢表裡如一，搞獨立就是搞獨立，卻硬繞圈子打著「中華民國」的招牌想借殼執政。但她忘了中華民國憲法是統一憲法，搞獨立便是叛亂，特別是領土不可分裂，故民進黨人要做中華民國總統，必須宣布放棄臺獨思維，否則就是公然欺騙，全島人民應唾棄騙子當家，才是正途。（2016.6.23）

國民黨是口中反臺獨的臺獨，難做兩岸調停人

　　據媒體報導，國民黨日前表示願作推手希望結束兩岸敵對情況。國民黨的此種想法很不切實際。該黨單就馬英九主政的八年而言，其實對大陸極盡敷衍，目的是在穩住經濟，骨子裡卻是反中，主張「六四」平反，並支持香港一些失序運動，對島內逢中必反情形從不阻止，向日本要求比照美國訂定日本的「與臺灣關係法」，又以巨額人民納稅錢大量買較先進的武器，並曾公開指出有生之年看不到兩岸統一。故表面上與大陸交流熱絡，背地裡放任臺獨盡量發展。即使馬英九下臺，接任的黨主席洪秀柱具英明遠見，卻被黨內指為「急統」者，所以才有去年總統候選人選前被硬行拉下的懼統情況。這正說明「單統」抗不住「群獨」，國民黨的獨是永遠維持現狀的「獨」，民進黨則追求法理的「獨」，兩黨型式上雖有差異，但殊途同歸，是五十步與百步的不同。大陸為了民族大義，幾代領導為國為民艱苦犧牲，舉國上下和海外六千多萬僑胞企盼的大一統的夢想，必須早日實現。（2016.6.23）

中國大陸在各項科技上對歐美有迎頭趕上之勢

　　日前英國自然雜誌，選出十位中國傑出科學家，譽為科學之星，介紹他們領先全球的成就，以及遠超過美、日最快的「泰坦」及「京」等電腦的「神威」電腦。它比連年勝過美國「泰坦」的「天河二號」還快兩倍、運算速度更是「泰坦」的五倍，其一分鐘計算能力，相當七十億人用電腦計算卅二年。另據報導，大陸發動機材料突破，耐用度（壽命）遠勝美國製。其材質為特殊合金，超過波音七八七發動機兩個量級。其他在軍工武器、太空、民生如食、衣、住、行、娛樂、醫療保健，體育等各方面均能適切推行科學化，使人民提升生活品質。其實中國大力提倡科學，自毛澤東時期便開始。當時最需要的兩彈一星、沙眼衣原體、牛胰島素、雜交水稻、哥德巴赫猜想的 $1+2$ 等，皆是由毛澤東促成的偉業。對外防止外敵入侵，對內使糧食增加，並獲急需的保健，打下了科技救國的基礎。大陸改革開放後，當時臺中央研究院長吳大猷曾至北京、上海參觀科技單位，驚訝大陸基礎科學均遠勝臺灣，且科學家更具旺盛的愛國精神。（2016.6.24）

深明民族大義的愛國人士
皆認為統一是時候了

　　臺灣在馬英九與美帝聯手騙了大陸八年之後，島民已把大陸和臺灣認作兩個國家，絕不是交流、讓利，或是要什麼給什麼就能改變「一邊一國」的。尤其一心想著獨立「真除」的民進黨，和表面只願交流永遠維持現狀的國民黨，加上學者專家、企業界等既得利益者，可以說島內主流民意就是自成一國。分離意識明擺著攤在眼前，如此清楚，真不知大陸國臺辦人員還對蔡英文抱什麼希望，是在等她嫁人嗎？

　　習近平原希望兩岸共同走向統一的理想，從馬英九開始便背道而馳，而從民進黨大勝執政便已告訴大陸，臺灣走向統一成一家人絕不可能。然而習近平強調過，分裂的大國是不可承受的嚴重狀況。其實南海、東海問題及島鏈圍堵均由臺灣投靠美、日而起，只要真心統一，排除任何緩衝、拖延企圖，突破一切阻礙，才是新中國完成大一統，民族偉大復興的最高目標。今日的統一應不惜付出必要的代價，並抱有雖千萬人吾往矣的氣概，始易達成。

（2016.6.24）

世界上從沒有「國內國」的存在

　　最近臺灣政大國關中心舉辦「變遷中的兩岸關係與影響；機會還是挑戰」研討會，有兩岸學者專家參加。大陸學者談民、共矛盾牽動國家存亡；而臺灣學者強調的「中華民國」這個國、共鬥爭遺留的「怪胎」，亦較民進黨對國家民族的為害殊途同歸，結果一樣，都是反對國家統一。

　　民進黨不管你怎麼說，追求獨立無法改變，其趨獨的方法計有：「法理臺獨」、「天然獨」、「柔性獨」、「文化獨」等，總之大陸任何惠臺，或拉攏年輕人等，皆不可能對統一加分。而國民黨更抱住「中華民國」不放，使中華人民共和國國中有國，成為歷史上的笑話。如今的中華民國的領導人物皆不明大義，連古代殷朝的伯夷、叔齊都不如。大陸學者與臺灣學者交流了這麼多年，還不知「和平統一」，不但自欺欺人，最大的罪過則是違背全國同胞與海外數千萬愛國僑胞殷切期待的國家統一大業。而「和平統一」竟成為搞獨立和分裂的最佳保障。（2016.6.26）

美國專家對中國在南海的「吼叫」是獸性與無恥

　　近日美國陰謀教唆菲律賓單方面對中國海洋宣示主權，無中生有的挑起爭端，並向美國安排好的聯合國仲裁機構提起法律缺失的訴訟。更由日本籍的審判官在沒有中國官員出庭的情形下，進行不合法的仲裁。在早知故意對中國不利的情況下，美國乃透過專家「警告中國在仲裁後勿再排釁」。我們認為，這話實在應該是中國向美國警告才對。美國自滿清時代起便時刻不忘佔中國的便宜，大陸改革開放後，大量買美國國債，處處希望互利雙贏，唯這個吃人慣了的霸道國家，口口聲聲自由民主，但所作所為竟是唯我獨尊不講理，見不得別人好。特別是對快速發展、十幾億國民安居樂業的富強國家，眼紅，無緣無故遭到美國大哲學家杭士基指的大流氓國家美國強烈嫉妒，不計顏面與金錢，從太平洋那頭不遠萬里而來搗蛋，並把臺灣視為禁臠，設法阻礙國家統一，應屬中國人的公敵才對。（2016.6.26）

由臺北大巨蛋工程延宕看
大陸建設之飛速

　　準備迎接國際體育比賽的臺北大巨蛋，自新任市長上任迄今，不論到底是什麼原因，遲遲蓋不好卻是事實。我們看了大巨蛋，又看北市至桃園機場的捷運長年累月的拖著建不起來。使人不得不想到各項建設工程之快，震驚全球的大陸。先說大家都知道或親眼看到的北京市「人民大會堂」，一九五九年完工，佔地十五萬平方米，拆遷六十七單位，居民六百八十四戶，屋舍兩千一百七十間，計畫拆一年，卻十天拆完，十個月零十三天便完工落成，建築志工來了三十萬人。就拿目前南海造陸言，過去至現在，越南、馬來西亞、菲律賓和臺灣等，在漫長四十年來，只總共填了二百十五英畝土地，但中國大陸僅花了十八個月便填了三千英畝土地，速度驚人。其他大型建設公路、高速公路、鐵路、高鐵、地鐵橋樑、隧道、水庫、河道疏浚，各類大型公共工程等，不勝枚舉，連製造各新型艦艇等，都被美國指其快速跟中國飯店「下餃子」似的，一年竟下水廿多艘。臺灣與其相比，實難望其項背。（2016.6.26）

臺灣屬大陸領土一部分，必須統一

　　依照「反分裂國家法」，其中有一條我們應特別注意，即統一不可長久拖延。如今兩岸隔離快七十年了，超過半世紀，實在太久了。由於馬英九主政八年，讓分裂意識普遍化，而主張獨立成為主流民意，以致臺獨集團在選臺灣領導人時大獲全勝，證明島內要自成一國者舉目皆是，要想改變臺灣人即中國人，首先馬英九就做不到，可見島內臺獨思想中毒之深。因此美國在臺協會主席薄瑞光看在眼裡，暗自歡喜之餘，更近日特別指出「辜汪未提九二共識」，以變相支持蔡英文的不承認九二共識，是尊重歷史，沒有錯。而他又狡猾的強調：「但不論說法為何，都和美國沒關係」。其實美國先是樂見貼心的馬英九主導臺灣政局，而今更欣喜於有能力帶領島民與大陸周旋，最終能成功走向獨立，成為在亞洲制衡大陸最有利的大棋子。在島內的愛國之士看得很清楚，大陸應加速統一，否則拖下去情況只會越來越壞。（2016.6.28）

對港獨與臺獨應同等看待
為叛國集團

　　對於國家內部分離份子，尤其形成集團者，無論古今中外，任何國家均須嚴肅對待，必須儘快消除不可。企圖獨立分裂國土，乃是罪大惡極。據說美國德州有一年有人主張獨立脫離美國，為首的立即遭致殺害而成懸案。他們連叛國之苗，剛露頭就剷除了。回頭看港獨和臺獨，均在祖國土地上，公然大張旗鼓反國家，明目張膽拿外國勢力作靠山後盾，他們不但成群否認自己是中國人，還要連土地一起割走，對於此種與達賴同樣不能原諒的叛亂集團，政府實應快刀斬亂麻、斬草除根。最低限度、最仁慈的辦法，便是在祖國土地上生活的人，凡自認為不是中國人者，即收回其居住權，想做美國人、英國人、日本人，以及任何其他國家的人，一律限期離開；其餘無論香港和臺灣公文書等必須加上「中國」二字。另對香港自治權應加但書，不但不該自治，更應改為一國一制。至於臺灣，只能一國一制，以各軍種駐守，則島民安居樂業，不會有受外國勢力進來搗亂的後患。（2016.6.26）

對於臺獨還有啥好談的

　　臺獨的主張與行動一致走獨立路線，以分裂國土為目的，且不承認自己是中國人，在贏得選舉成為領導人後，必然反對祖國，更不可能走向所有中國人期待的統一大業。目前臺灣主流民意，除了追求獨立，甚至已視臺灣是個獨立的國家，把大陸看作鄰國，這情形要想扭轉島內各年齡層的思維，用交流方式，不論幾十年或上百年，最終必落空。眼下兩岸現況看來仍流於無謂的口水戰，這也是臺獨最希望的磨時間。我們想不通，臺獨聯美、日以抗大陸，都明目張膽，從上到下努力去中國化，祖國已是外國了，北京、上海、廈門等研究臺灣問題的學者專家們，竟似弄不清真相，依然在空等待，要看雙十節蔡英文說什麼？足證大陸的這些研究臺灣問題者，幾十年了，仍在狀況外，實在愧對國家。試問既不認自己是中國人，並一心要分裂國土的人，還有資格交流、會談嗎？他們早把你們視為要「併吞」臺灣的敵人了，你們還在「有所期待」？真奇怪。（2016.7.1）

宋楚瑜對兩岸的看法近似「老番顛」

　　對於日前大陸國臺辦發言人安峰山說，不認「九二共識」就是改變現狀，溝通停擺，責任在臺灣。宋楚瑜看了媒體報導後，表示「不要因為一個名詞傷了和氣」。這話出在老美或小日本口中並不稀奇，唯由宋楚瑜說出，他如不是年老頭腦不清，就是不知民族大義，對臺獨勢力低頭討好。凡知識份子都應知道，這名詞關係到統、獨，是兩岸頭等大事，在大陸言涉及國家大一統，是中國大陸的頂尖大事與首要利益，屬領土、主權和尊嚴、存亡與共、莫之能禦的大事。在臺灣則是榮枯關鍵，甚至是興旺或覆亡（毀滅）的節點。換句話說，「九二共識」、「兩岸同屬一個中國」，已成臺灣生死存亡的選擇。宋楚瑜可能自幼養尊處優，及至官場一帆風順，真正面對如此大事，卻等閒視之，看不出嚴重性。古人說，不見棺材不流淚，宋楚瑜應該就是這類人吧。（2016.7.1）

習近平重申「九二共識」的重大意義

　　七月一日中共黨慶大會上，習近平對於臺灣統一問題，特別表明決心，強調十三億多中國人民，都不會答應以任何形式分裂國家。在習近平心目中，所謂「九二共識」的最重要涵意，絕非維持現狀，而是「兩岸同屬一個中國」，是必須在「這一代」中走向統一，也才是中國夢的核心。在國家大一統必需早日達成的壓力與責任下，統一的時間已不容蹉跎。習近平就任國家領導時，就對國共兩黨鬥爭遺留下來的不正常問題，表示應予解決了，不能一代一代拖延下去。而目前更令習近平對統一臺灣有急迫感，是因為他發覺「維持現狀」是錯誤的，這正是臺獨發展，與美、日聯合反中、抗中的「溫床」，是臺獨壯大，走向獨立的緩衝，是臺獨爭取時間、等待時機需要的布局。在習近平眼中，他已銳利的看穿這一切。故在日前黨慶時，他不厭其煩地再對兩岸問題提出反獨促統的決心，不讓臺灣及國內外人士誤判曲解兩岸關係，要大家務必認清情勢。（2016.7.3）

臺灣已是「實質獨立」，
任何交流無助統一

　　兩岸學者專家以及執政當局總是醉心談論「兩岸交流」，然而實際上「交流」就是錯誤的政策。早在蔣經國時代，雙方如積極談交流，或許能對兩岸統一有所助益。然此後臺灣政局起了翻天覆地的大變化，骨子裡的政局已完全操在類似敵人的美、日之手。故自李、扁時代，乃至馬英九的全面交流，都是美、日對付大陸最理想的策略之一，乃能造成「臺灣人非中國人」難得的基本心理。如今到了由民進黨領政，美、日因兩岸溝通所建立的分裂果實，必能從繼續交流而獲得水到渠成的和平獨立。到那時島內抗統的實力定會大增，美、日亦將把協助臺獨各有關支援措施準備完善，達到有效助獨走上公然建國之路，使臺灣多年的暗獨明朗化。由是觀之，不論兩岸任何交流皆不利統一，大陸再談交流就是落入臺獨圈套，臺灣人談交流應屬不懷好意，因為均無關統一。今後抓緊時間研究統一方法與時機才是正途。其他均屬浪費時間而已。

（2016.7.11）

國際仲裁不應形同兒戲
無公信力

　　美國興風作浪，一心一意地要在南海掀波，就是因為怕中國在南海進行發展。乃鼓動臨近大陸，自古即佔有「九段線」海疆的「千島國」菲律賓，趁荷蘭海牙國際仲裁庭皆為敵視中國的日本人執仲裁權者時，認為必能歪曲事實，做出對中國不利的結果，然後向國際上大肆宣傳，製造中國在南海霸道擴充海疆的風聲。其實國際仲裁機構明目張膽一意孤行，單方面以極不公平態度裁判，大大失去公正，竟暗中受美、日操縱，已無公信力。世人看在眼裡，凡具良知者，一定支持中國大陸宣稱的「無效」。同時我們主張大陸對此種不正當的國際組織，不如退出。至於南海的建設反要更積極擴大，並迅速開發。今日世界在美國施展霸權，四處搧風點火、毫不講理的情況下，不得不善於因應。尤其臺灣經營數十年的太平島也被判為礁，臺灣能委屈認可嗎？面對國際風雲險惡，證明美國、日本靠不住，唯一靠得住的還是自己人，只要兩岸真能和解，一致對外，美日必無可奈何。（2016.7.13）

大陸涉臺人士似為
阻礙統一的主嫌之一

　　日前臺灣大報刊文，指大陸研究臺灣問題專家，如周孟懷、倪永杰，劉國琛等，曾對五二〇蔡英文講話稱讚為相向而行的第一步。唯可能被精明的國務院人員識破，有人集體為臺獨護行，乃於數小時後，中央臺辦便將這些學者對蔡肯定的話全數刪除。同時大陸人民中眼睛雪亮的不少，直言「國家養了這群廢物」，並懷疑他們是「內奸」，跟我們多年來對大陸一些涉臺人士的不相同，其中還包括廈大的黃嘉樹等等。這批人使最高領導方面誤認為能發生兩岸水到渠成的好結果，以致被馬政府大騙八年，島內幾乎全面趨獨，對外買武器是歷屆執政最多，以備拒統之需。馬佔盡大陸便宜，增加抗統力量，背地裡卻緊抱美、日，最不該的是騙出個「馬習會」。此次臺獨勢力選舉大勝，大陸涉臺人士皆應檢討，卻仍有涉臺者為臺獨美言，是否受人好處之故，不得而知。大陸同胞近已普遍感覺臺民看不起大陸人，這與涉臺人士在臺灣的低聲下氣不無關係。

　　蔡英文護太平島是護「臺灣國」的領土，大陸呆瓜學者又叫好，究竟是傻蛋，還是另有用意呢？（2016.7.19）

大陸「窮臺」政策是「不戰而屈人之兵」，極明智

　　據大陸學者透露，今後大陸面對蔡英文頑固的分裂勢力，將暫不用武力，而要採「窮臺」方式使其改變思維，徹悟臺獨真的是死路一條。窮臺政策應屬大陸對一時迷糊的傾獨同胞最仁慈的促統策略。因為馬英九主政八年，佔盡大陸經濟上的便宜，轉向歐美買進更多優良武器以抗統，島內則任臺獨勢力全面性發展，致能拿下領政權。於是蔡英文上臺便迅速令臺獨根基保固與擴大，並從文化上深耕趨獨的謀劃，同時投向美日懷抱，要做個圍堵大陸的忠實棋子與走狗，希望在美日保護下，走向多年夢寐以求的獨立目標。她忘了目前世界各國產品及物資均需銷往大陸才能賺錢，南向最後仍擺不開大陸，只要大陸在外交、經濟上略施小計，蔡政府必坐困愁城，人民無法安居樂業、生活艱困，自然棄獨要統。屆時民意向背，非蔡英文等所能阻擋，所以大陸兵不血刃，就能收回寶島，使天然獨變成自然滅，豈不是兩岸同胞之福？故窮臺實屬對症下藥，相當高明。（2016.7.25）

南海仲裁真正最大輸家應是美國

　　世人應知道美國從來就不把國際法當法，心中只有自己的利益。目前國際間的動亂、衝突、殺戮，幾乎都與美國有關。正如美國著名學者杭士基，兩年前在臺灣中研院作的一場具良知演講所說，美國是大流氓國家，其作為是向全世界收保護費，不給就用卑鄙手段巧取豪奪，佔盡便宜，對內蔑視有色人種，不尊重其人權。杭士基對他的國家主政者極端看不起。同時令聆聽演講的臺灣知識界大出意外的，在他大肆抨擊美國政府後，話鋒一轉，直指臺灣竟是大流氓的幫兇，沒有是非只會跟著說對叫好。其實臺灣少數有智慧良知者，早就看出美國是披著華麗外衣的殘忍毒辣的野狼，毫無人性，心目中的美國不過是衣冠禽獸。而臺灣一些人卻有眼無珠，還想靠美國與祖國鬥爭，堪稱行屍走肉，如今看到美國在與大陸親切握手佔盡便宜時，另隻手照樣捅大陸一刀，順便也把忠實小跟班狠砍一斧，因此，乃暴露出美國的陰狠狡詐，讓世人看個清楚。當美國偽善的面貌被揭穿後，便知誰才是大輸家。（2016.7.15）

說大陸不民主是太不了解其體制

　　中國內戰結束後，到臺灣的國民黨即指大陸為專制獨裁，迄今半個多世紀，仍不知大陸其實是另一種人民當家做主的利民民主。它在新中國政體和國體上，稱為「新人民民主專政」。外界不明白何謂民主專政，乃誤以為專制，實在大錯特錯。其民主真實樣貌是人民監督政府，而非跑到被監督的位子。民主在人民內部實行，對反動派、敵對勢力等必須以專政對付。大陸憲法把人民民主和社會主義原則固定下來，一九五三年大陸人口六億多人，有一億五千多萬人參與修憲討論，各方面意見有一百一十多萬條；一九五三年實施全國人民代表及地方各級人民代表大會選舉法，掀起規模空前的選舉熱潮，舉行普選有廿一萬五千多個基層選舉單位，當時有涵蓋五億七千多萬人民。故說大陸非民主和無選舉，皆屬對大陸無知。筆者三年前在蘇州遇到做腳底按摩的女士，竟是全國政協委員。而針對列強異數份子、叛國的維權人士、港獨及臺獨人物等，則以強硬手段處理，就靠「專政」（含肅貪）。（2016.7.18）

「窮臺」與「富臺」的選擇

　　自馬英九主政八年來，大陸對臺和平發展，堪稱仁至義盡。然而換得的結果卻是島民「逢中必反」，及至蔡英文主政，更表露出獨立意志，欲從文化等根本上與大陸徹底切割。唯大陸面對思路幼稚的蔡英文，不忍下重手以武力降服，而以「窮臺」斷絕經濟往來，使臺灣彈盡糧絕，無力賺大陸的錢，而轉頭向美國大量買武器抗統，同時讓島民嚐到錢少或無錢的痛苦。雖緊抱美、日大腿，在金錢上，也愛莫能助。在山窮水盡之時，必然清醒想到統一「富臺」才是正途，「一國兩制」就是維持民主自由的現狀，大陸支援的大量金錢、人力，定能迅速將臺灣建設成當之無愧的寶島，領導人可風光走向世界，人民皆屬泱泱大國民，過去曾以「臺灣錢淹腳目」響亮於外，統一後的臺灣則是「臺灣錢淹膝蓋」，人民生活用「安和樂利」形容仍嫌低估，而蔡英文一念之間的轉變不但立即予島民以幸福，且可擺脫民族罪人的稱號，由遺臭萬年變成名垂青史，永受敬仰。（2016.8.3）

臺灣十大建設曾傳遍世界，
大陸驚人的萬大建設竟鮮為人知

　　早年蔣經國在臺灣實施所謂「十大建設」，其主要是基礎工程如修橋開路、建設港口、機場、工業園區等等，比起大陸農工、商、公共設施等「萬大建設」，哪一項都遠大於臺灣的「十大建設」。如近兩萬公里的動車（高鐵）、超過美國五倍的高速計算機太湖號、十二萬多公里的高速公路、大鋼廠、油田、農業領先技術、醫學創新、新引擎製造、世界最大天體望遠鏡、南水北調、楊山港、東海大橋、杭州灣大橋、機車電動普及化、三峽和小浪底大壩，各城市地鐵、大戲院、體育場館、飛機與艦艇製造、導彈、隧道等工程無一不是世界級和超世界級，非臺灣任一建設可比。而臺灣卻只知向世界宣傳「十大建設」，華僑回臺也以此十大建設為旅遊重點。反觀大陸旅遊均以千年古物為主，專往偏鄉僻壤、騷人墨客等才想去的地方和少數落後處走，使外界尤其眼窩子淺的臺民，更看低大陸，加上大陸導遊地陪不滿現狀只挑壞處說，更令遊覽人看低大陸。故今後參觀大陸，應以最進步地方示人才對。（2016.8.4）

當今世界亂源就是美國

　　美國花了大把銀子，挑撥鼓動菲律賓提出的南海仲裁案，由於幕後經美國強力操作仲裁過程，造成失去公信力，為極偏頗的結果，被國際輿論指為「一張廢紙」。且當事國菲律賓總統杜特蒂已與中國取得諒解，決定以協商解決問題。然而點火不成，又白花銀子的歐巴馬，早已沒有一般黑人天生的純厚，竟緊咬此仲裁案不放，把美國蔑視仲裁法庭，及不把聯合國放在眼裡的惡劣紀錄置於腦後，卻咬住此不合國際法的「恐龍」裁決不放，一個勁要求中國應受此案約束，即使不公正也要吞下去。這種就怕天下不亂的卑鄙心態實屬可恥，其實世界上凡動亂處，多半與美國有關。特別是伊斯蘭國（IS），亦因報復美國而視死如歸。膚淺嗜血的美國怎知孔明七擒孟獲，以德服人一勞永逸，化干戈的境界。若論靠殺，我國司馬兵法即指出「大國好戰必亡」。孟子曾提醒國君要知「民不畏死，奈何以死畏之」的道理。正說明美國強權必無好下場可言，亦天理不容。（2016.8.6）

臺灣如非中國人怎能侈談要求

　　從臺灣媒體上，經常會看見學者專家和政府各級官員，呼籲大陸不要傷了臺灣人的感情。特別是領導人，不斷呼籲對岸應多點善意。似乎大陸面對臺獨所作任何打壓、反制等，皆得先考慮到是否影響到島民心理或感受。反過來看，臺灣知識界與主政者，全面性搞分裂國土，並站在我國敵對勢力美、日陣營，奴顏婢膝，甘做圍堵自己國家工具，竟厚顏無恥要祖國不能傷了島上人民的心，外加該重視臺民的感受，卻從無一人清醒的想到大陸從上到下十四億人的感受，及對站在中國領土上，不承認自己是堂堂正正中國人，又緊抱美、日兩國大腿跟祖國作對，那是什麼感受。由於大陸給島民不錯的感受時間不謂不長，然相對的「反中」望獨的人民在有心人刻意引導下，寶島已成「獨島」，大陸主政者不是白癡，剷除「獨瘤」的時間定有急迫感。這種分裂國土的企圖只要是愛國同胞無不視為叛國，這才是全體中國人要撻伐的嚴厲感受。

（2016.8.7）

李勝峰指傾美也是賣臺

　　臺灣新黨顧問李勝峰，指蔡英文在全力緊抱美國大腿時，卻做夢都不會想到，在南海仲裁案上竟被漠視，狠心的把蔡政府完全不當一回事給出賣了。將太平島硬貶成礁，使一向對美國言聽計從的臺灣，只有忍氣吞聲任其擺布，尊嚴與主權一夕掃地。漁民發現政府被美國無情的出賣，並把此奇恥大辱吞了下去。大家為了生計，乃組織私人船隊前往護島。事後據媒體報導，政府不但不支持，還要研議處罰，這才是如假包換的「出賣臺灣」。說真的，傾中、追求統一，是愛我中華，是支持祖國富強抵禦外侮，是身為中國人的本分。反之，背叛民族、企圖分裂國土，拉攏祖國敵對勢力搗蛋，就是漢奸賣國賊行為，凡中國有良知者，均鄙視而不齒。面對如此敗類，必須極早懲處，以免為患兩岸。臺灣民眾應能辨別是非忠奸，不可被賣臺集團牽著鼻子走，尤其要為子孫後代的未來著想，避免讓他們也成賣國賊，成為祖國必須消滅的對象。（2016.8.9）

國民黨強調的「一中各表」應已不存在

　　近年來，凡國民黨人員談到「九二共識」時，後面一定加上個「一中各表」。其實大陸早期對此說法未加否定，主要是認為只要能交流、讓利，必然促使島民心向祖國，和平統一將可儘快水到渠成。殊不知這「一中各表」，正是變相兩國論的另一型態，是迷惑國臺辦的手段。在馬政府執政期間，除大量購買先進武器外，還令島上傾獨的人數直線上升。如今大陸對臺要求的是「九二共識」和「一個中國原則」，哪裡還有「各表一中」，國民黨現仍強調此點，即心懷兩國論，變相「一邊一國」，明眼人早已看出端倪，對大陸國臺辦只能短時間矇騙，現已被「獨臺」事實拆穿。原來口口聲聲在「九二共識」後，一定加上一句「一中各表」其實就沒安好心，原來它們與臺獨集團是一丘之貉，耍此文字遊戲，暗中正推行「一邊一國」，故從未談過統一。大陸國務院發現上當，以君子之心度此有失，乃擺明要臺灣接受「一個中國原則」，兩岸才有和平。（2016.8.9）

漢光實彈演習如在
關公面前耍水果刀

　　臺灣年年舉辦名為「漢光」的軍事演習，它不是為了臺灣的尊嚴和主權，欲一舉收回被日本霸佔的釣魚島，也非以軍演護漁保衛太平島非礁亙古不變的地位。更非在關鍵時刻表達被美國主子忍心出賣的慘狀表示不滿。這些島民期待的事，均與此次將擴大漢光演習，並以實彈加大演練無關。而只有一個目的，就是目標公然指向祖國大陸。強調驗證新武器與各種新裝備，並要求三軍創新「不對稱作戰」以小搏大、阻敵進攻等。凡曾瀏覽兵書，了解大陸建政後曾十次對外戰爭，在最艱困時打敗美國為首的十六國聯軍。從當時強大的蘇聯手中奪回珍寶島。打敗成天耀武揚威的印度軍隊，及鄧小平揮軍教訓和懲罰忘恩負義的越南等。而最近南海風雲，美國以為兩航母便可嚇倒中國，並稱要剷平黃炭島礁或永署礁，解放軍立即警告：「只要美軍敢開第一槍，兩航母群必無反國的機會」，於是美乃宣布武鬥失敗。由此觀之，臺灣那點「肌肉」，秀出來只有丟人的份。（2016.8.11）

「窮臺」令島民清醒
統一可永享「富臺」

　　蔡英文在臺主政後，堅持走分裂國土之路，祖國大陸不像美國對叛國的分裂份子那麼殘酷，以武力滅絕了事。祖國大陸只在交流上減低或官方來往停止。另外在經濟上逐漸減少貿易等。目前兩岸有關經濟面的活動才冷卻兩三個月，臺灣民間就大感驚慌，生活覺得缺錢的痛苦，長此下去，大家都會吃不消。從本月十一日旺報頭版標題「陸客觀光急凍、悲情旅遊業直指人禍」、「蔡英文張小月被封冰雪公主」，便知情況嚴重，單旅遊業部分便影響百萬人民生計，其他農、漁產業，工、商、交通、零售業等無一不受影響，假如大陸再從外交方面防止叛國行為，則島民在國際間更無法抬頭。所謂牽一髮動全身，搞臺獨將把全民推向絕路，日子不好過的感受其實才正要開始，什麼南向北向，終極銷路仍不出大陸，否則只有庫存的份。何況蔡英文所指南向各國均政情不穩，送上門的肥肉哪有不宰一刀的，例如臺塑越南鋼廠被罰巨款就是現成例證。只有往大陸投資，才有保障。（2016.8.12）

遏制臺獨首先應摘除臺灣所有邦交國

　　祖國大陸對臺最重要的事，是絕不能成為一邊一國的型態。不可讓臺灣成為一個國家，把領土主權分割出去，成為敵對勢力阻擾中國發展與民族復興的主要障礙。說穿了，馬政府八年倡導外交休兵、經貿大交流、放任臺獨默默打下堅實基礎。馬英九熟悉國際法，知道國際間承認的國家，必須除領土、人民、政府之外，還要有國家承認，雖邦交國只有廿二個，但依國際法已成為實質國家，因此馬英九被臺灣愛國有識之士，直指為「獨臺」，佔盡大陸各方面便宜。馬英九暗中不動聲色搞實質臺獨，而他的心是傾美日的。休兵的外交，保住了臺灣是國家的地位。如今蔡政府最大罩門乃在邦交國，也是蛇的七寸之處。要使臺獨瓦解，無法自稱國家，唯有儘速拔除廿二個邦交國以斷其獨立建國之念，再配以經濟抵制，自然島民生存，必逼臺灣主政者走上統一富強之路，這也能使大陸兵不血刃完成統一理想。（2016.8.13）

從媒體報導奧運，證明臺灣沒有格調，不是個國家

　　凡有國際體育比賽，祖國大陸一定好手雲集，尤其世界矚目的奧運，是世界上最好的，也是最值得欣賞的體育競賽。然而只要是祖國大陸金牌好手，頂多一筆帶過，且多半根本不報導，甚至大陸幾個破世界紀錄的，亦不著墨。然而只要臺灣出現一個金牌，竟大肆超量報導，數日不停。且臺灣歷年來出現的獲獎好手中，有不少是在大陸代訓的，得獎後，卻從不提感謝，或對大陸教練致上謝意。（均有紀錄可考）

　　多年來，臺灣媒體對大陸似乎仇恨很深，那麼多金牌得主，必然有許多動人故事，而打破奧運紀錄的諸頂尖好手，他們的成長故事必然更動人。特別是大陸（我們中國人）過去一直被世人嘲諷為東亞病夫，如何在新中國成立後居然成為萬眾矚目的體育強國，成為吸引國際媒體的焦點。話說回來，大陸單以體育的輝煌成就，臺灣媒體卻避而不報，這種小兒科的氣度真令人不齒，更無視人民知的權利。小島終究格局小，怎夠格自稱「國家」。

（2016.8.14）

韜光養晦不是低著頭任人宰割

　　由於中國大陸和平崛起，卻遭忌於美國，並不遠萬里之遙，跑到亞洲興風作浪，挑撥亞太地區與中國和好相處、共同發展的周邊小國，不斷因細故即鼓動擴大矛盾，專找中國麻煩。這情形越演越烈，有看準中國人好欺負，似有從圍堵發展成進攻之勢。主政的習近平看在眼裡，十四億愛國人民及世上五千萬華僑看得更清楚，咸認為如此俟欺，還要忍氣吞聲，實在令大家看不下去，因此韜光養晦放在今日，已不適合。習近平帶領國人，強勢回應區域爭端，以正義力抗邪惡強權，凡中國人無不稱頌與支持。

　　目前北京展開強勢捍衛主權，繼毛澤東之後「寸土必爭」，不允許我國領土有失，甚至與主權有關者，一概維護，目中不容一粒沙，同時也意味著一粒沙都不能少。至於臺灣三萬六千平方公里，而臺獨就是眼中的一粒大砂。明眼人皆知，只要收回臺灣，將立刻破解美國的亞太再平衡，各島鏈圍堵，因此統一已刻不容緩，收回後全面讓利，將使島民後悔，怎不早統一。（2016.8.14）

薩德效應最終在測驗各國人性之優劣

　　就在美國以超越愛國者飛彈防禦系統的「薩德」，決定部署亞洲之際，卻萬想不到中國大陸已研製出「上帝之杖」，不但力克「薩德」，其威力堪比核武，被稱將因此改變未來戰爭型態。故「薩德」在中國科學家眼裡，實已微不足道。「上帝之杖」顧名思義，就是由太空從天而降，以毀滅性難以攔擊的武力迅速摧毀目標物。比喻用上帝正義之神杖，打擊邪惡、心術不正的魔鬼。最諷刺的是，當美國欲以「薩德」制中、俄，而首選南韓時，朴槿惠竟「見利」忘義，對中國翻臉不認人，把兩國多年建立的友誼，及利益無窮的經貿互利，瞬間拋於腦後，暴露出狼心狗肺、不能誠實以對的小國面貌。而日本在中國人眼中，根本沒人性，那些滅絕人性慘無人道的血淋淋紀錄，宛如昨日事，迄今毫無懺悔，甚至還爭取「薩德」以對付曾經大肆蹂躪的中國。哪知中國科技已無止境的創新，非由妒生恨的美國所能克制。處心積慮的「薩德」整人詭計，終將落得惡夢一場。（2016.8.16）

無論去中國化與否，
故宮寶物均應歸還北京宮內

　　就在民進黨發動徹底清算國民黨黨產的今日，大陸學者立刻注意到一九四五年至一九四九年，國民黨「轉進」臺灣，竟把北京故宮寶物數十萬件一掃而空，搬到臺灣。這些記錄民族演進歷史的寶物，是屬於中華民族的，也是一代代子孫有責任保護的，這和維護領土主權同等重要。大陸遲至今日才想到必須向臺灣追回，已是失職。試看歐洲國家在八國聯軍入侵我國時，燒殺擄掠，大肆偷搶。劫去的寶物，在近代文明進步後，正懺悔而不斷送還北京。只有臺灣把持住中華民族的諸多寶物，以之展覽賺錢，無一人作正義發聲，指出這些寶物為非正當擁有，應極早送回北京故宮，物歸原處才對。另外，附帶一提，國民黨收刮大陸善良百姓那麼多黃金，也該到結算還錢的時候了。不妨趁民進黨清算國民黨黨產之時，把欠大陸的也一次算清，這些賬早晚是跑不掉的。（2016.8.20）

大陸阻臺參與國際組織
因臺獨之故

　　民進黨在臺主政即將百日，卻仍不認「九二共識」及一個中國原則，島上學者更表示：「北京應思考是否繼續打壓臺灣已經參與的國際空間，進而影響臺灣民眾對其認同度」。我們認為這話莫名其妙，真把大陸官員都當傻瓜，臺灣要走出去，要有國際空間，目的在搞臺獨，全面打壓防堵臺獨勢力，應是執行十四億同胞反對臺獨的意志，此舉措施已屬極端容忍、寬厚。島內最數典忘祖、自私自利的權勢之士，和多數既得利益者，妄顧國家民族利益以及子孫後代前途，必須為歷史負責，成為背叛民族、洋人走狗，永被罵名。這些人應該早日清醒，引導兩千三百萬島民步入正途，讓大家做個泱泱大國的國民，屆時中國人在任何國際組織皆有身影，世界均在腳下，走到哪裡都受尊重。然眼下要想鬧獨立而欲加入國際組織，打壓阻入已太客氣了。（2016.8.20）

美國以銷售軍火長期騙取
臺灣辛苦賺得的大量鈔票

　　民進黨主政不久，便同意美國對臺銷售兩千八百六十六億美元的各類新式武器，合臺幣九十億元。此外並將追加另一批武器，故合計必須付出十八億三千萬美元。按長期以來，美國不斷用加強臺灣對大陸解放軍防禦為由，長期高價向臺灣大量推銷軍火。由於從來就沒機會使用，人民納稅錢永遠浪費在無用且過期便成廢鐵的大量軍用垃圾上。凡有軍事常識的人都知道，臺灣小島沒有縱深，一切均曝露在解放軍眼下，對方只要解決島上能源，全島立刻陷入癱瘓，還要動用一兵一卒嗎？居住臺灣的人，應該仔細想想一旦沒有電源，日子如何過活，就能明白買任何武器皆無用，是美國人藉以騙錢的。搞臺獨最大的悲哀是臺灣距大陸太近，又逢大陸越來越強大，而統一之勢當今世界上沒有任何力量可擋。這已不是臺灣有多少先進武器，和拉住哪些國家作拒統後臺的問題。它關係到一個偉大民族的復興，中國十四億同胞夢想的實現。明白這點，島上居民便不會妄想了。（2016.8.23）

兩岸問題是中國內政
卜睿哲不該置喙

　　臺灣自民進黨主政，首先做的事，即是在明的與暗的方面進行分裂國土行動，凡是中國人無不撻伐反對。大陸面對臺獨自有剷除辦法，怎麼應對，過程如何，皆屬國家內政，怎能讓一個專門在世界各地點火，唯恐天下不亂的美國佬出壞主意。美國布魯金斯學會東亞政策研究中心主任卜睿哲，日前針對大陸對臺獨採取的措施，又在說三道四，骨子裡當然不懷好意，指「北京鎖住立場，不利兩岸」云云。聰明人一聽就知是為臺獨找出路，北京是大國之都，什麼人才沒有，美國佬應安分做研究工作，少管閒事。試問中國人成天被美國人嫉妒糾纏搗蛋，甚至為了阻礙中國和平崛起，竟想盡一切方法打壓、圍堵，並視中國為仇敵。而當中國日漸強大，美國佬最不願見的就是兩岸統一。他們知道林肯統一美國，才有富強的機會，故對中國壓制最有利的工作，便是設法阻礙兩岸統一，使臺灣人民無法大發展，只好永遠在美國人胯下討生活。（2016.8.22）

臺北、上海雙城論壇中
臺灣發生荒腔走板的事

　　此次上海派統戰部長來臺出席雙城論壇，代表上海市的沙海林，在開幕式演講，特別提到「九二共識」，並指出兩岸非國與國關係，而是同一個國家內兩個城市間的交往。至於其他縣市要與大陸城市交流，也必須在「九二共識」、「一個中國原則」下進行。對沙海林的話，臺灣政府發言人認為交流無須設前提。這觀點應屬錯誤。因為一座背叛祖國、不承認是中國人、企圖分裂國土的城市，大陸反對、抵制，甚至設法消除都來不及，還能談交流嗎？

　　臺灣目前最悲哀的是，從來不知這塊土地是和大陸連在一起的，沒有分割開來。換言之，它是屬於中國，也就是「中華人民共和國」，你如不信，那麼不妨宣布獨立，試試看辦不辦得到。不必成天「反中」，把獨立想得天花亂墜，最後無非是南柯一夢，卻害慘臺灣的經濟和正常發展，尤害老百姓倒楣，還影響到子孫後代的發展，歷史也不會放過漢奸賣國賊的。（2016.8.24）

臺灣學者的走狗嘴臉

臺灣有不少崇洋媚外的學者，特別是甘做美帝走狗的一群，最是令人看不起。當國際仲裁法庭把臺灣太平島硬判成礁時，均悶聲不敢吭氣，更不敢到始作俑者的美國主子的在臺協會表示抗議，太陽花的「正義」、「勇敢」全不見了。平時「名嘴」、學者，「反中」爭先恐後大發謬論的情形皆不見了，就怕得罪美國佬，在其褲襠下，什麼虧都能吃。對祖國大陸卻視如仇敵，動不動就以這點小民意欲對抗大陸十四億民意，要知共產黨員便有八千多萬人。相比之下臺灣實不算民意。假如臺灣的學者常不忘照照鏡子，則：「北京應思考，兩岸若持續冷和越不互動，可能造成有反中情結的年輕人增多」這類漿糊腦袋的話。試想你們這些數典忘祖、洋奴買辦教出思想不正確的青年可憐蟲，還要求大陸任由這幫糊塗蛋亂來嗎？打壓都來不及，哪裡還可能怕得罪呢？（2016.8.24）

用「交流」、「磨合」、「溝通」、「包容」等待統一將永難達成

　　臺灣與大陸交往時，常自稱是多元社會，因此在各種「反中」行動，或透過言語杯葛謾罵大陸官員時，常要求對方要包容多元社會的正常現象。奇怪的是，大陸的官員也就欣然接受。卻不知這「多元社會」遇到美、日把太平島變礁、日本把靠近臺灣的島礁稱作島，以限制臺灣漁民生計，臺灣的多元社會就立即消失了。平時大罵大陸，極盡挖苦譏諷，甚至全民一致攻擊的情形，突然均不見了。故凡涉及美、日者「多元」的臺灣社會，立即變成一元消音社會，相比之下，臺灣人民對包容臺灣「多元社會」的窩囊人更加看不起，好像到了臺灣就得乖乖的。而臺灣從上到下，以及各種媒體、各級學校，宣導的皆為一邊一國，已根深柢固，絕不是交流、磨合、溝通、包容能完成統一的。尤其辦些誤時誤事的所謂「論壇」，只是以拖待變的拒統技巧之一而已。（2016.8.26）

我們對大陸「對臺研究機構」均有意見

　　大陸對臺研究重鎮，中國社科院臺灣研究所所長周志懷，被指善意解讀蔡英文「五二〇」講話跟錯調，將「被退休」。據媒體報導，周志懷已到退休年齡，雖然在「五二〇」對蔡英文講話的第一時間解讀偏向「善意」，與隨後國臺辦提出「未完成的答卷」發生了解不一，相互矛盾的狀況。但我們感認為周志懷「被退休」，應與此無關。其實自馬英九任臺灣領導人以來，走的就是「和中」以謀求經濟利益，實際是傾向美、日，並大量向歐美買進武器，及積極由中科院研製武器，目的便在拒統。在島內愛國主張統一人士，早稱國民黨為「獨臺」，跟「臺獨」的民進黨同屬一丘之貉。然大陸研究臺灣問題機構竟不知警惕，我們早對北京、上海、廈門以及香港「中國評論」等隨臺灣分裂勢力起舞，無絲毫批評、撻伐。「中國評論」且常登臺獨人士文章。至於「統一論壇」也是「虛應故事」，內容太差，欠積極性，文章太長，內容平淡，毫無促統作用，堪稱浪費金錢，毫無宣導功能。（2016.8.26）

當今的諾貝爾和平獎是不公正被政治利用的獎

　　見報載臺灣幾個政治人物，和大陸的學者，最近不約而同準備推薦習近平與馬英九兩人角逐諾貝爾和平獎。對此我們極不贊成。原因是這個獎早已政治化了。試看二〇〇九年，美國總統歐巴馬對和平只要耍嘴皮，居然這個獎像拍馬屁似的頒給了他。接下來在他第二任時，為了阻礙中國崛起，以極邪惡陰險的不正心術，到亞太區域來搧風點火，造成各小國與中國一度箭拔弩張，幸中國與周邊國家利益與共，彼此皆不願兵戎相見，乃一一化解被歐巴馬挑起的爭端。然而像這種惟恐天下不亂，又在東歐增兵，向臺灣大賣武器的人，居然可獲諾貝爾和平獎。另有更荒唐的是，中國一名頭腦不清的異議份子，違法入獄，竟破天荒得到諾貝爾獎，豈非公然干涉中國內政，置中國法律如無物，令人感到奇怪與不齒。這種走調的獎，不值得推薦。何況「馬習會」中馬英九心中想的是另一個國家，以及大量買美帝武器隨時抗拒統一，堪稱另懷鬼胎，與真誠和平無關。（2016.8.27）

民進黨主政百日正急著推動 加入聯合國活動

　　上臺主政的民進黨才三個多月，已急著籌劃加入聯合國，企圖與大陸分開。民進黨內部與民間傾獨團體共議將以「臺灣」名義加入聯合國。這將使原本模糊維穩的兩岸政策，轟然倒塌。而大陸不得不收起模糊地帶，嚴峻對待臺獨份子。此時，最有效的措施應是祭出「反分裂國家法」，以非常手段迅速統一，同時公布研議的「臺灣基本法」。使回歸的臺灣在大陸協助下，行「一國兩制」，全面惠臺、富臺，臺灣不必向中央繳稅，也不必行凱子外交，更可省下大筆不必要的軍費。同時在大陸精心協助下，百行百業一定欣欣向榮，居民生活安逸。這也是臺灣處心積慮要分裂國土，所帶來的後果。若真引來大陸斷然措施，可謂一了百了，十分乾脆，一次解決複雜的統一問題。今後兩岸在統一下攜手共創美好未來，早日完成習近平倡導的中國夢。（2016.8.27）

祖國大陸核心目標是
滅臺獨達統一

海峽兩岸學者、智庫成天談的不出「九二共識」，其實習近平強調的「九二共識」，必須是階段性、向前進的一個步驟而已，它不能停留，並順此消滅臺獨。接著，把臺獨終結後，就是推動兩岸統一，奉行早已擬好的一國兩制。也就是雙方既行制度不變，各自利益不受損害。這種和平統一，自較不得已的武力統一有利太多，更是臺灣民眾明智選擇，不容少數無知臺獨份子任性作為。放棄福祉。

如今和平統一應屬大勢所趨，任何力量無法抵擋。尤可避免兄弟閱牆兵戎相見，白白造成傷亡，是臺灣無論誰主政均擔當不起的。統一後兩岸立即攜手共謀發展，共享輝煌成就，同時臺灣面臨的各項問題，皆能在強大祖國協助下迅速解決。特別是擺脫美國的長期利用與指使，從此有尊嚴的面對世界。以上這一切要如何發展，要看臺灣知識界的智慧了。故「維持現狀」已不存在，今後談的應是如何統一、步驟如何。（2016.8.29）

兩岸「一中各表」即變相兩國論

　　國臺辦主任張志軍，在會見臺灣青年代表時，有臺灣學生問大陸為何只提「一中」不管「各表」。張志軍似在討好的強調，「各表」的問題，都可以來談，要找機會把它講一講，如果都不講，永遠擱置也不好。我們反對張志軍近乎鄉愿的談話，更與習近平斬釘截鐵對付分裂意識相左。張志軍應知過去的馬政府就是利用「一中各表」這八年，穩住大陸推進統一的途程，並且心向美、日，成為圍堵大陸發展的卒子，也趁機大賺大陸的錢向歐、美購進先進武器作為抗統之用。同時馬政府最得意的是「一中各表」竟然被大陸默認，等於實現「一邊一國」及「兩國論」。因此馬政府八年，造成分裂意識普遍化，特別是青年學生已從心底認臺灣是獨立國家，故青年面對張志軍才有「一中各表」的提問，其內心視大陸已是外國。此時此刻，張志軍應趁機曉以民族大義，和民族復興對全國人民的重要，並且指出臺獨死路一條，大陸絕不會允許「一邊一國」之存在，不可給臺灣任何「兩國」的希望，「一中各表」已是過去式。（2016.8.30）

蔡英文著書矢志完成獨立夢

　　據媒體報導，蔡英文所著「英派」一書，已清楚寫出要以百折不回、勇敢面對任何險阻，並不惜長期戰鬥的精神，不達臺灣獨立建國永不罷休的堅強意志，直到完成獨立成功為止。同時她為了萬全之計，正不斷培育新血，要為臺灣獨立「事業」不斷注入新血。她驕傲的指出，他們這群不願屈服要改變社會者，是天不怕地不怕，敢和毒蛇猛獸（指中國大陸）對決的人。蔡英文很照顧她視為「鐵血青年軍」這批人，以備重用。她要用「政治創投」政策，精心設計戰略布局，為若干年後，臺灣建國準備，而南向只是遠離北京的起步。在蔡英文分裂思考中，將強化軍力，她認為應自立更生，創造高科技軍工產業，如能對大陸有效打擊與安全自衛，自然可衝破任何難關，完成獨立建國的最終目的。蔡英文以書明志，張志軍如對蔡英文仍存幻想，不但對國務院無法交代，並負不起誤國的歷史責任。（2016.9.5）

十幾萬軍公教警消與勞工
九三上凱道的震撼

　　新政府上臺甫三月，可能發現國庫羞澀，十餘年後將無年金可發，尤其在不認「九二共識」，堅持臺獨路線情況下，大陸採取「窮臺」措施，使臺灣經濟陷入極端困境，必然令公務人員等無年金發放情形提前到來。蔡政府不思兩岸和解，讓臺灣經濟注入活水，竟想改革行之有年，軍公教等退休人員能夠安度晚年的應得之錢上面。同時在改革之前還出言難聽，連「肥貓」這種侮辱的話，都讓媒體傳播，聽在所有為政府工作打拚，退休後被指成過分享受的人耳裡，皆感晴天霹靂。大家在忍無可忍之下，為了「反污名，要尊嚴」乃一呼百應，扶老攜幼走上街頭。由於人數超乎所有人的預期，打破島內歷次抗爭人數，已給蔡政府強烈警訊和莫大壓力，勢必在未來動手改革年金時，慎重其事，它將涉及蔡政府能否平穩施政，或迅速翻盤的關鍵。（2016.9.3）

G20 祖國大陸展現
泱泱大國之風

　　杭州 G20 盛會，在來自全球的五千多名記者見證下，莊嚴多彩的開幕了。此一世界矚目的重要集會，首次在富有深厚文化的我國召開，令崛起的中國有機會引導各國由惡性競爭步入公平互助的利己利人坦途，並且不忘盡力扶助弱國，改變經貿良性互動的發展途徑。藉著這次會議，習近平特別邀約了第三世界主要國家領袖與會，成為發展中國家改善經濟的領頭羊，感受到與先進國家平起平坐的重視。

　　此項峰會達成五項具體成果，為世界經濟定出方向，注入新動力，完善全球經濟金融治理，提高世界經濟抗風險能力，重振國際貿易與投資兩大引擎，建構世界開放型經濟，推動包容和連動式發展，讓廿國集團合作成果惠及全球。除此之外，習近平更以真誠的心意，與美、日、韓進行友好和解，期望共同為和諧世界做出貢獻，使人類生活得安和樂利，讓人類脫離鬥爭傾軋，享有幸福人生。故今年的 G20，由中國開啟了世界一家人，真正往地球村理想邁進。（2016.9.6）

國民黨政綱納「和平協議」
應屬追求統一前奏

　　國民黨日前召開第十九次全體代表大會，政綱納入兩岸「和平協議」提案獲得通過。在洪秀柱演講中，透露出「九二共識」與「一中原則」，表達了中華民國憲法「一中」，以及追求統一的期望。此舉受到愛我民族者的讚賞與尊敬，她洗刷了國民黨「獨臺」，與民進黨同屬一丘之貉的污名。

　　不過當洪秀柱的正確宣示不久，該黨重量級人士竟立即出言杯葛，呼籲並指正洪秀柱，應在「九二共識」後，一定要加上「一中各表」，意謂必須是「一邊一國」。

　　仔細分析這些能左右國民黨方向者，皆為有錢有勢、自私自利的既得利益者，他們靠國民黨享有吃香喝辣的權利，什麼民族大義、歷史定位，皆與他們無關。孫中山的遺願早已拋諸腦後，他們其實正是弄垮國民黨、造成敗選的那根稻草，也是除民進黨外，影響兩岸統一的最大障礙。（2016.9.6）

臺灣在蔡政府領導下
將走向枯萎

　　自蔡英文成為臺灣領導人後，腦筋靈活、判斷準確、觀念較現實的青、壯年人，已感覺必須往大陸投資或就業，才有發展和遠大前途。近日報載，臺灣學有成就的音樂人，也非去大陸發展方有施展的機會，和獲得理想的生活條件。他們指出，大陸資源多、市場大，與國際頂尖音樂人和團體交流多，且不斷巡迴世界演出。單以在北京大戲院管弦樂團演出，一年超過百場。到世界各國巡演更屬家常便飯。這些優渥條件，在臺灣連想都想不到的。

　　至於鑼鼓喧天的新南向政策，據了解蔡英文指的南向諸國，經濟均靠大陸，包括投資與借貸，而其產品仍以銷往大陸為主。在臺灣具成就的企業主稱，南向諸國以目前經濟力總和，不過只與大陸兩三個省差不多，且法規民情各異。因此儘管蔡政府倡導積極，然關係企業發展和青年一生前途的大事，誰願去冒險。故轉往大陸求永久發展才是上策。所以往大陸熱是擋不住的。（2016.9.7）

統一是民族全面復興的偉業
不可長期糾纏在文字遊戲中

　　我們覺得很奇怪，大陸國臺辦與臺灣交往多年，似乎對臺灣並不了解。最近的例子，當蔡英文派任知名臺獨份子田弘茂擔任海基會董事長，國臺辦主任張志軍居然表示：「對田弘茂這個人並不了解」，還要等田弘茂上任時有何新表述，方能確認。張志軍只要對臺灣內部稍微留意，就不難了解田弘茂的臺獨歷程，以及他在臺獨陣營的份量。尤其在他不時發表在媒體的言論，應特別注意他日前接受媒體訪問時，便明確指出：「臺灣已是獨立的國家」。對這種分裂意識章顯的臺獨，張志軍實不應不了解，更不必還要等他發表什麼「表述」。張志軍應深深體會到，臺灣任何學者專家，長期耍嘴皮，或文字遊戲等，都是迂迴拒統的巧計。換言之，島內極少人願意統一，國務院期望和平統一，其實正中「和平分裂」企圖。除非大陸訂出統一時間表，逼迫分裂的牛鬼蛇神不得不俯首統一，否則將永無止境的你來我往長期玩下去。（2016.9.7）

希拉蕊應記取
「大國好戰必亡」的歷史教訓

　　美國總統投票日將近，希拉蕊與川普誰勝選尚屬未知數，她便似與萬里之外的中國有血海深仇，在競選演說中，總不忘咬牙切齒，表示一旦掌權，一定比歐巴馬「重返亞洲」更為強硬，要威懾中國。她的表現除綻放出幼稚無知外，連自己多少分量都弄不清楚，更遑論對今日中國的了解。中國古兵法就有「大國好戰必亡」的警語，且歷經千年史書記載，印證斑斑可考。希拉蕊的狂妄和膚淺，只能為美國帶來災難。試想自稱超級大國、世界警察的美國好戰成性，為求自身利益，不斷欺凌弱國，四處挑撥、製造動亂，唯恐天下不亂，以便從中漁利。撇開兵書的忠告不談，單由宗教觀點看，口吐血腥、面貌醜陋，一副女巫神態的希拉蕊，假如當選美國總統，正說明這個國家已喪失其立國精神，將步入人神共憤的末路。（2016.9.11）

港獨、臺獨應比照疆獨、藏獨同等處理

多年來大陸嚴厲打擊並滅絕疆獨和藏獨,使新疆、西藏得以加快各項惠及民生的建設,人民皆能安居樂業,各行各業迅速發展,大家生活在美麗安全的環境中,其幸福、滿足溢於言表。然而在同一塊土地上,由於外國勢力滲透進來興風作浪,極盡分化蠱惑之能事,於是孕育出一批自私自利盲目追求獨立,妄顧民族大義的叛徒賣國者,有計畫的與祖國搗蛋「反中」,對社會進行分化。目前嚴重的叛國者為港獨與臺獨。這兩獨已形成國家的毒瘤,這情形在任何正常國家均不會允許存在,因為這些賣國賊無時無刻不在利用各種手段對祖國進行抨擊、造謠生事,站在敵對勢力一方,無所不用其極的達到糾纏、破壞的目的,對港獨與臺獨應以另類恐怖份子對待,必須依法剷除,不應永遠停留在不值得等待的言詞緩衝的陷阱中,否則養癰遺患,姑息必成大害,最後仍得大動干戈,必然付出莫大代價。(2016.9.12)

面對蔡英文促獨的積極行動 大陸應趁早因應

　　蔡英文上臺後，除拐彎抹角，似是而非唬弄大陸國臺辦及一些學者專家，對習近平要求的「九二共識」卻模糊以對，總是不說清楚。不過在她實際動作方面，正似抓緊時間，多方安排勇往直前朝向臺灣獨立的目標努力。她除了孕育一批「鐵血青年」，敢於對抗「牛鬼蛇神」般的「中國」外，並一再以三軍統帥身分，親近各軍種，同時設法優惠軍隊，武器加快更新，還要增加預算，推動武器研發創新，並特別著重攻擊和殺傷力強大的武器，以及電子戰、高科技對敵武力亦不可少。除此之外，在此次聯合國大會期間，蔡政府已於日前宣布，準備請友邦為我國致函聯合國秘書長，應正視臺灣參與其專門機構的權利，尤希望聯合國用國名「中華民國」稱呼我們。從蔡政府一系列分裂意識的作為，國臺辦不該永遠停留在極端被動情形下，或令人感到盡是些書呆子，只會往好處想，與事實距離太遠。說難聽，應屬延誤軍國大事的一群。（2016.9.14）

「九二共識」、「一個中國原則」應升級到協商統一，否則仍屬空話

　　為了要聽臺灣新政府怎麼詮釋兩岸關係的談話，從蔡英文就職演講避開習近平要聽的「九二共識」、「一個中國原則」，國臺辦及相關學者，便自動退一步要等蔡英文十月十日中華民國國慶時再發表談話，看她是否會提及「九二共識」。不過當蔡英文接受外媒訪問時，應已明白向世界宣布兩岸是「一邊一國」關係，表明了搞獨立的路線。唯大陸這批學者專家和國臺辦好像中了邪般仍不信，又要等自稱非深綠、經歷（含一貫言論與文章）均屬大臺獨的海基會負責人田弘茂九月十二的談話。結果跟蔡英文一樣不提大陸渴盼的「九二共識」，更遑論「一個中國原則」的內涵了。不但如此，十二日臺灣旅遊業及相關行業遊行標語竟有「我愛中國人」等，已深中「獨毒」，雖希望大陸客來花錢，但卻指對岸是另一國家，足證臺獨意識之普遍，今後兩岸任何接觸應把促統放前面，「窮臺」要窮到人民為了活命而轉成要求「統一」，才是島民之福，否則非武力無法滅獨，遲早為患國家。（2016.9.14）

我們反對美國人干涉
中國內部的任何事情

　　最近美國即將卸任的總統歐巴馬多年來致力圍堵中國，企圖阻礙崛起的中國，使各項發展遲滯、崩壞，其對中國的搞蛋迄今未止。日前華府智庫布魯金斯研究所舉辦《臺灣的中國困境與選擇》一書討論會，由現任布魯金斯學會東亞政策中心主任卜睿哲主持。他竟針對臺灣至今仍未獲邀出席本月廿七日舉行的國際民航組織大會，表示如北京不讓臺灣參與該會，將是錯誤。並反問北京，蔡英文在臺灣政治情勢下，不可能接受「九二共識」，卻提出此要求？並接著說，誰知道大陸國家主席習近平在想什麼？我們可以告訴老美，中國要做的事自有道理，應如何處理國家的洋奴走狗，與美國佬無關。至於美國總統選舉，候選人希拉蕊更莫名其妙，總像與中國有殺父之仇似的，咬牙切齒真令人費解。試問中國辦理自己國內事務關美國何事，豈非狗拿耗子？（2016.9.15）

「九二共識」是島內政府必須承認的政策，是臺灣唯一可走的路

　　自民進黨主政後，大陸已把過去國民黨耍滑頭，在「九二共識」後，私下加了個「一中各表」，表成變相「一邊一國」的技倆識破。當時大陸相關單位並未加以阻止或要求明確「一中」。據研判，大陸方面以為只要兩岸大量交流，讓臺灣上下獲利，自然感受同胞血濃於水，雙方在「一家親」情形下，臺灣與祖國統一，是天經地義的事，臺灣可以堂堂正正做大國民，與祖國並肩為民族偉大復興做出貢獻，在中華民族歷史長河中留下永恆光輝的一頁。豈料馬執政八年以「一中各表」坐實了「一邊一國」基礎，玩弄了大陸「一家親」真誠統一的企盼。直至反中的太陽花學運終撕破「一中各表」的取巧面紗。原來國民黨被島內少數「統派」視為與臺獨民進黨五十步與百步差異的「獨臺」，是有根據的。如今祖國大陸應依事實，洞悉臺灣一切情況，在「九二共識」後必須明確兩岸是「一個中國的內涵」，否則將祭出各種手段與方法加以處理，絕不讓「獨臺」、「臺獨」長久存在。（2016.9.18）

中國已躋身留學大國，一年吸引兩百多個國家地區的人來留學

　　由於中國大陸一向重視教育，教學內容不斷提升，教學方法創新、教材突出。單以數學為例，臺灣大學著名教授葛文卓博士曾多次與大陸交流，認為大陸數學教材優於歐美。難怪不久前英國特別禮聘百位中國數學教師去教導英國學生。並指出如不趕緊學好中式數學，未來在科學方面將會落後。目前大陸在提升教育培育各類人才方面著力極大，研究創新經費充足，全球排名節節攀升，有四十五校進入全球兩百強，名聲遠播。正朝世界第二大留學國邁進。大陸教育部統計，二○一五年共有來自兩百零二個國家地區，三十九萬七千六百三十五人來陸留學，包括韓國、日本、美國、英國、法國、德國、加拿大、印度、泰國、俄羅斯、巴基斯坦、哈薩克、印尼、越南、新加坡、寮國、馬來西亞、蒙古等。由此觀之，今日大陸各學科都有獨到之處，而深厚的中華文化，以人為本，仁愛互助的精神自然一併傳播，對人類世界是一大貢獻。（2016.9.20）

藍營「九二共識」只為求利 無關統一

　　臺灣正由蔡英文主政，由於追求獨立，無法接受大陸國務院要求，必須以一中內涵的「九二共識」，兩岸始能交流，成為血濃於水的一家人。因此，兩岸官方來往中斷，民間也透過網站等信息相互批評甚至叫罵，過去大量來臺的陸客亦顯著減少，一時令臺灣經濟大受影響。泛藍政治人物乃想出自行突破大陸經濟降溫的方法，結合民進黨以外的縣市首長，高唱承認「九二共識」四字，未提「一個中國原則」，即結伴進入大陸，受到大陸全國政協主席俞正聲、國臺辦主任張志軍熱烈接待，並歡迎推銷農特產品，旅遊產品和陸企來臺採購等。凡了解臺灣藍、綠本質者，均知皆為反統目標相同。故喊「九二共識」，不痛不癢，只要不統一，實質仍是兩國就行。其實綠營縣市也會跟著佔便宜，使大陸的「冷處理」破功，讓有一天大陸促統更難。俞、張兩人如能對藍營人等提出「一個中國」及希望兩岸為民族大義早日統一，便會立即測出端倪見真章，以免浪費時光。（2016.9.19）

搞國土分裂者就是祖國大敵

　　最近蔡英文政府不斷呼籲祖國大陸多點善意，且該重視島內民眾遭受打壓時的感受。而美帝深恐兩岸統一，將失去最能扯大陸後腿的工具臺灣，故亦幫腔臺獨份子，要求大陸不要打壓臺灣，免使島民對大陸產生不良感受。其實說這些話的人應屬弱智。試問世界上有國中國的邪門現象嗎？在祖國領土上公然搞分裂要鬧獨立，豈非怪事，任何國家均無法容忍。大陸今日面對的應是千真萬確的敵人，是叛亂集團，取締剷除都來不及，還會顧慮或體諒其感受嗎？大陸對「叛逃的一個省」，已容忍幾十年了，儘管快速崛起，經濟總量坐二望一，國際地位年年提升，偉大成就已對世界各國貢獻頗大。但是永遠無心統一的臺灣，多年來總想方設法維持實質「一邊一國」型態，怎麼說就是拒絕統一。使這屹立世界的泱泱大國，一直是不正常的缺陷國家。長此下去，必成國際間的笑話，也定不為十幾億國民接受。此皆將考驗大陸除惡統一能力。（2016.9.21）

「一中各表」的弔詭

　　本月廿三日因臺灣政府未收到國際民航組織大會邀請函，立法院總質詢時，藍、綠立委皆對大陸打壓我外交空間表示不滿，但對「九二共識」看法有異。民進黨立委建議行政院長林全，重新尋求新的共識。林全答覆，如今大陸要求的「九二共識」是必須以「一中內涵」即「一中原則」為準，非「一中各表」。國民黨立委則以「九二共識」、「一中各表」交流八年，且三年前曾順利參與各國際會議，未受大陸打壓，並稱中華民國憲法即「一中各表」為說法。其實大陸從未承認有「一中各表」，只是睜隻眼閉隻眼，認為只要能交流，必然很容易「一家親」，統一必定水到渠成。豈料馬英九主政強調「一中各表」，表成「一邊一國」終造成臺獨勢力擴張，習近平乃改以強調「九二共識」、「一中原則」為兩岸和平交流底線。否則「一中各表」助長臺獨，故應消除「各表」。林全告訴立委無「一中各表」應屬正確。換言之，假如國民黨再當政，「一中各表」照樣行不通了。（2016.9.25）

臺灣應早日清醒，
脫離美式民主的枷鎖

　　臺灣專門研究歷史的學者，認為美式民主是兩個主軸（黨派），皆屬極端自私自利、相互鬥爭的「民主」，是有錢有勢者結黨弄派，爭取黨派利益，維護其私利為主的手段。廣大人民只是各黨各派利用的工具，黨派當政自然必須照顧「工具」的福祉，以便繼續操控利用。因此無法從全國選出最適合的精英主政，又因黨派中人事盤根錯節，即使足以擔當大任者出現，安排各部門適才適用就難如願。故有識之士均鄙視美式民主。而近年由美國外交關係協會研究員喬舒西・科藍茲克所著《民主在退潮》，便直指歐美式民主的缺失，並列舉仿傚者多弊病叢生，亂局無窮。反而對中國大陸「一黨專政」精英治國，人才濟濟，為民謀福，廣大人民站在監督立場，樂享富裕生活有所讚揚，表示這制度已成人們嚮往的先進制度。深研中國大陸制度，才發現其「新人民民主專政」而非「專制」。簡言之，即對內極端民主，唯「專政」不但強力對違法及叛國者懲處，對外亦絕不受欺凌。故臺灣民主是不正常、且具缺失的「民主」。（2016.9.26）

臺灣九合一選舉國民黨大敗，影響兩岸關係

　　此次臺灣多項選舉結果，國民黨大敗。主要原因是考績太差，貪腐、毒油、工業澱粉等，各類食品安全未能有效把關。受薪階層薪資過低。物價失控，社會因經濟不景氣，造成人心不安，焦躁、暴力頻傳，百姓生活越覺困難。而各種問題，執政當局似莫不關心。兩岸交流多惠及財團，一般百姓無感。至於兩岸問題，說穿了根本就是個大騙局。主政方面一心與大陸熱呼呼大談經濟，只在活絡日趨艱困的經濟。絕對與國家統一、民族大義無關。當政者心裡想的，和臺獨想的大同小異。這可由當局不斷向美國購買先進武器，希望日本比照美國，也簽個「與臺灣關係法」，以加強維護臺灣實質獨立的安全。此外從根本上安排、設計，從根上徹底分裂企圖，透過教科書、媒體等多方面灌輸島民分裂思想。同時在外交和對外宣傳上，一律強調臺灣的主體性，意即是獨立國家。尤其在大陸一再強調「九二共識」時，主政的國民黨卻技巧的附註「一中各表」，具體告訴島民，交流只在唬弄大陸，以取得經濟利益。導致島內民心多半拒統，足證國民黨真正思考分離

成另一國家的謀略不虛。因此我們覺得，大陸國臺辦未把
臺灣實情正確回報。（2014.11.30）

我們對香港的看法

　　一、香港回歸之初，大陸全力照顧，支持發展。而美國著名的經濟投機客索羅斯，企圖把香港經濟搞垮，卻在朱鎔基協助香港反擊下，鎩羽而逃。儘管索羅斯損失大筆美鈔，老美卻不死心，乃有最近之亂。

　　二、按「佔中」鬧劇，是美國共和黨早就計畫的搗亂陰謀。其長期豢養的中國漢奸走狗，均屬反中人士。包括黎智英、陳方安生、李柱民等。所謂民主派等，經大陸查知，這些人幕後的主謀，是美國共和黨某基金會，而其副董事長一直住在臺北，儼似指揮中心，是香港搗亂份子的經濟支柱。

　　三、此次佔中，以真普選口號迷惑香港單純天真的年輕人、學生和社會大眾。依香港基本法，知大陸全國人大通過了二〇一七年的普選，唯規定候選人必須是愛國者，也是任何國家選舉的必然條件。如今美國竟趁機涉入中國內部事務，暗中指使吃洋人飯的走狗起來搗蛋，企圖取消選特首一定得愛國這一條規定，以便披著中國皮的美國人，有機會成為香港特首，好掌握香港的一切。試想，今天的中國，有可能會被你老美玩弄嗎？（2014.10.6）

馬政府要向美國買更多先進武器，說明抗統決心

多年來美國一直違反上海公報（八一七公報），向臺灣銷售武器，目的除把臺灣政府當凱子賺錢以外，主要在支持臺灣對抗大陸，阻止兩岸統一。尤其當中國崛起，少了臺灣這塊重要位置的土地，則所謂的「中國夢」將無法圓滿。且可利用臺灣擾亂大陸崛起進程，化解其成長速度。而臺灣主政者，均為既得利益者，不願因統一而改變現狀，他們重視私利，不顧民族大義，不知慘痛的近代史，寧願擁有眼前的享樂，沒有尊嚴的受美國國內法「與臺灣關係法」卵翼，乞憐其保護，並藉此法源源不絕向美國買到抗統的武器，滿足恐中、拒統、壯膽的作用。其實明眼人早知美國不斷高價賣給臺灣的武器，絕非祖國大陸對手，任何先進武器均無濟於事。大陸只要飛彈破壞臺灣電廠，則臺灣立即陷入癱瘓，所有機動車輛、飛機、船艦等均因為無法加油而動彈不得，居民食、衣、住、行進入原始，自來水、瓦斯沒了，所有市場關閉，造成居民生活困難，這種嚴重情況似乎沒人想過。

政治人物應體會到兩岸對抗的後果，要知道在主權與

領土問題上，大陸必定不會有一絲退讓，當今世界也沒有任何國家和力量，能阻止大陸統一的決心。（2014.10.1）

馬英九籲大陸推行美式「民主」

　　臺灣領導人馬英九，昨日在「雙十節」慶祝大會上致詞，希望大陸推進民主憲政云云。

　　在馬英九心中，似乎只有美式民主，領導人由百姓票選才是民主。這觀點臺灣絕大多數人，也是如此認知。大家不分好歹，反正依美國馬首是瞻。殊不知目前臺灣實施的一人一票選領導人制度，是最不公正公平的擾民制度。因為每個公民教育程度不同，且各有專業，各司其職，對政治不了解，更分辨不出何者為最佳領導人，只能被黨派操縱，牽著鼻子走，盲目投下那一票。而各黨派與財團結合，相互鬥爭，彼此的輸贏宛如賭場上的莊家輪流做。大家可以長期吃香喝辣，廣大民眾只是他們耍弄的工具。

　　轉頭看大陸，據長期在對岸生活的臺商，和在大陸讀大學，畢業後在那邊工作的青年等，他們生活一樣自由自在，大陸人民和美國與臺灣一樣，素質有高有低，也和各國無異。反而他們認為法律公信力比臺灣強，只要不犯法，在大陸要幹啥都行。而最讓他們感到愉快的是，領導人屬政治專業，即精英政治，由特殊制度從內部孕育而出，不像臺灣每遇選舉那麼令人困擾，要投票給完全不了

解的人，而每個人成天忙自己的工作，根本不知哪個候選
人適合為民服務，最後皆被黨派人情拖住，胡亂投下那被
稱為「神聖」的一票。而大陸有最能幹、優秀的精英群領
導國家，政府人才濟濟，善於創造，又有能力解決任何問
題，人民可放心做自己的事。百行百業各自努力發展，故
今日有此驚人成就，其利益已惠及全球。馬英九坐井觀
天，實在可笑。（2014.10.11）

不識金玉，嘆美、加兩國
關閉孔子學院

　　祖國大陸為了推展中華文化，在世界各地廣設孔子學院。宣揚中華文化，主要是希望教化歐美人民脫離衣冠禽獸的原始性格，揚棄弱肉強食；物競天擇，適者生存，畜牲般殘酷殺戮的競爭，轉而邁入高等動物──「人」的境界，即我國先賢孔聖之道。告訴大家要以仁愛待人，凡事皆用仁愛為出發點，以誠為修身之本，重道德、愛和平、講信義、倡互助、主張中庸之道，進而使人類提升內涵，期能與快速發展的科技程度相配合，才能有效抑制戰爭，把研製殺人的武器，轉化為製造對人類福祉的用途上，這是多麼美好的設想。

　　然而膚淺、詭詐、多疑、殘暴成性的美、加兩國主政者，卻完全不懂中華文化之精髓，將送上門的富國之道，以及與世界各國和睦相處摒棄於外。

　　殊不知孔子之所以幾千年來，一直受到中華兒女一代代尊崇敬仰，就是他教導人類彼此和睦相助的道理，以及國與國相處的道理，絕不是像歐美大國強國去欺凌弱小國家。且孔子有教無類，故祖國大陸滿腔熱情與善意，要把

中華文化最精華處介紹給美、加等國。想不到這兩個固執的蠻夷之邦,竟不受教,把善意往邪處想,以為中國不懷好意。在此我們除感嘆其愚蠢無知外,更覺其可憐,這大概是科技進步仍很難給人類帶來更幸福的原因。

(2014.10.8)

和平統一與一國兩制是
臺灣的福音

　　習近平領政祖國大陸後，從其談話文章中，不斷透露出統一臺灣的急迫感。他曾先後邀請蕭萬長、連戰、宋楚瑜、吳伯雄、郁慕明、許歷農及統派團體代表等多人，到北京專門談論兩岸統一，並公開表示統一不能一代一代拖下去。習近平指出，大陸當局將堅定不移對臺推動和平統一和「一國兩制」。

　　其實和平統一，是毛澤東和周恩來希望以和平方式收回臺灣的構想。及至鄧小平主政，為蔣經國領導臺灣時期乃提出統一後，臺灣現有制度不變的但書。也就是讓臺灣在最好條件下回到祖國大家庭，享受民族復興，全面崛起的大國民榮耀。於是提出「一國兩制」的美意。「一國兩制」對臺灣人民最大的好處是：一、保持原有社會制度；高度自治。二、臺胞生活方式、切身利益將充分保障永享太平。三、經濟以大陸為腹地，獲廣闊發展空間，四、臺灣同胞和大陸同胞一道，行使管理國家的權利，共同享用偉大祖國在國際上的尊嚴與榮譽。臺灣同胞只要有志向，有崇高理想，自可海闊天空任你飛翔。更不必低聲下氣，

仰美國人鼻息，又可省下金錢外交的大把鈔票，和無底洞似的大買美國強制推銷的軍火、武器等。省下有損無益的巨款，建設寶島，提高人民福利，讓人民真正生活在幸福無憂的日子裡，享受快意人生。依個人興趣、意志去發展、創造，滿足個人願望，又可貢獻社會、國家以及全人類。（2015.2.7）

「一國兩制」是毛澤東對蔣介石的禮遇

改革開放後，大陸江澤民在解決臺灣問題上，便一再強調「中國人不打中國人」，希望以和平統一，以達到國家全面復興。期望未來兩岸可共同努力發展，超英趕美，臻於富強。尤其臺灣，統一後不再飽受美、日等國宰制，不必做洋人用來對付大陸的工具。如能清醒，和平主動回到祖國懷抱，共圓民富國強的偉大「中國夢」，必留下永垂不朽的中華民族歷史佳話。成為今世與後世難忘的佳話。光輝照耀古今。

關於大陸提出「一國兩制」，目的在避免殺伐。儘管我國歷史上十次大一統均由武力撻伐，流血統一。但論歐美等國的統一、強國，無不大動干戈，完成統一達到強國目的。但毛澤東和周恩來，當時卻認為應以和為貴（此乃中國傳統思想）。此為五〇年代後期之事。一九五五年四月周恩來與緬甸總理吳努會談時就提到，如蔣介石接受，便以和平方式解決臺灣問題。並表示歡迎蔣介石派代表談判。一九五六年周恩來又正式表示願與臺灣當局協商統一。同年七月周恩來和陳毅、張治中、邵力子等，會見原

國民黨中央社記者，後又第三次提出國共合作設想，一切以和平為主。六〇年以後，更制訂「和平解決臺灣問題」具體方針，並設法告知臺灣當局，指出統一後，臺灣可一切照舊。除外交由大陸負責，連軍隊等均可保有。一九八三年鄧小平更設想出「一國兩制」令兩岸雙贏的好制度，也就是使臺灣一切不變，視同維持現狀，但已成大國架構，人民在國際間升格，不必乞憐列強，挺胸抬頭，尊嚴自然就得到了。（2015.2.8）

臺灣文化水準高卻不承認
自己是中國人

　　佛光及南華兩大學創辦人星雲法師，認為不久前復興航空失事，傷亡慘重，有許多人主動協助，種種義行。令人感佩。可見臺灣是個有文化高度的社會，是人文的偉大。

　　然而就因為具有高水準，所以更令人不解，為何不承認自己是高水準中華文化孕育出的中華兒女。尤其是臺灣一些政治人物和主政者，竟不願說自己是中國人。近年來甚至把「反中」拒絕統一表面化。除發動「太陽花學運」，更花大錢向歐美買武器，將祖國大陸視為敵國，不願接受千載難逢的「和平統一」機遇。卻放著融入民族偉大復興，做個堂堂正正、頂天立地大國民不做，甘願低聲下氣，沒有尊嚴的抱美國人大腿，做洋人走狗，站在洋人褲襠下才高興。星雲大師可謂明察秋毫而不見輿薪。臺灣的文化其實缺乏深度，難怪曾被外界有識之士指為「文化沙漠」。仔細觀察確實如此。談文化，特別是中華文化，博大精深，歷史悠久，以島內知識界的表現，是文化水準

膚淺，故智慧不足，大是大非分辨不明。故盼星雲大師救苦救難，點醒往歧路上走的島內普羅大眾。（2015.2.15）

臺灣的「主權」到底在哪裡?

　　蔡英文上臺後,常強調臺灣的「主權」,連國民黨也不斷宣稱「中華民國」是「主權獨立的國家」。而主政的蔡英文在二○一六年五二○後,接受媒體訪問時指出,「主權」將是她首先要全力維護的。但她不可忘記臺灣的「主權」天經地義包含在大陸整個主權之內。因為目前雖兩岸未統一,但領土從來就未與大陸分開過,這是世人皆知的事實。除非臺灣宣布獨立成功,否則主權只在大陸主權中,而屬大陸領土一部分而已。

　　因此蔡英文的「維護主權」,在中國人認知上,應為捍衛釣魚臺島嶼、南海被菲律賓侵佔我國的諸小島,以及越南強佔的我國島礁等。應與大陸配合協商,和各入侵國進行交涉,甚至以武力驅趕強佔者,以維護主權,保護漁民等,這才是急於要做的。提及「主權」之重要,同樣與此相隨的是尊嚴。蔡政府要能擺脫美國如影隨形,處處干涉、教唆、指導、使喚,特別是其國內之「與臺灣關係法」,公然干涉到臺灣內政,同樣干預到中國內政,對此兩岸皆未反對。尤其臺灣對此一片感謝,而大陸亦未制力杯葛,一時造成對全球華人奇恥大辱。不過也讓世人知道

美帝的無恥霸道。尤有甚者，美帝陰毒狡詐之手，更趁機伸入臺灣，暗中支持分裂，以表面主張和平統一假象，骨子裡鼓動獨立，除協助建軍強軍抗統，並對倡獨者透露必要時將對臺灣施以軍事保護。意思似在使反中的臺獨集團會意，即：「你們放手去玩吧！後面有我老美撐腰」。蔡英文該意識到背叛民族，將與十幾億人為敵，歷史不會放過妳。（2015.2.18）

蔡英文認為大陸會配合民進黨說法遭國臺辦打臉

　　針對民進黨主席蔡英文認為，只要民進黨在臺灣主政，大陸未來對臺策略，必將配合該黨的想法。隨後大陸國臺辦主管的網站「中國臺灣網」，十六日鄭重發表評論稱：「蔡英文勿妄想，反獨底線絕不允許踩到，否則後果將出乎該黨想像」。唯有人一定會問，看樣子民進黨若不放棄臺獨路線怎麼辦？因此大陸必視民進黨為叛亂集團，自不惜全面鬥爭，故各種衝突定會不停。如經濟封鎖、外交使成孤立，最終可能至軍事佔領收復不可。總之，民進黨一直妄圖分裂國土，不願做中國人的設想，定將促成大陸對臺灣提前攤牌，造成臺灣空前大災難，這應是島內民眾不願見到的。大陸環球時報就指出，臺灣不應逼迫大陸動武。日前臺北論壇董事長蘇起，也對未來一旦民進黨當政，繼續走臺獨路線，深感憂慮，他預測二〇一六年，民進黨上臺，不願接受「九二共識」，則依習近平的反獨宣誓，絕對會主動出手，一定會至剷除臺獨為止。屆時「地動山搖」，恐非久處安逸昇平狀態的島民能承受的災難。

（2015.2.18）

馬英九主政，臺獨意識爆增

　　近年來臺灣島內「反中」，把對岸視為另一個國家，的現象越見普遍。

　　根據政治大學選舉研究中心最新民調顯示，在馬英九執政迄今七年多來，認為臺灣已是獨立國家，將祖國大陸視為他國的指數，竟從李登輝主政的百分之七點九，阿扁時的百分之廿四點四，增加到百分之五十七點一。數字告訴我們馬英九對大陸只經不政，應屬潛在「反中」拒統最「得計」的人。他曾宣稱：「我這輩子看不到統一」。在他心中的歷史定位，亦與兩岸和平統一、民族大義、名留青史無關。實際上他主政後，為了拒統，還嫌美國的「與臺灣關係法」的力量不夠維護臺灣安全。又在訪日本時，向日本提出比照美國簽個「臺、日」的「與臺灣關係法」。鐵的事實，大陸國臺辦似皆未注意。

　　馬英九與大陸和平相處，其實主要在求經貿出路，提升與改善經濟困境。外交方面極力向國際宣傳臺灣，使世人知道臺灣是臺灣，中國是中國。同時放任各類媒體對大陸盡情隱善揚惡，就連千百年來「熊貓」的名稱，到臺灣竟硬將其倒念成「貓熊」而不糾正。

　　如今馬英九向美國訂購武器，在大量增加軍備，同時讓「反中」的社團活動、教改、課綱去中國化等，不斷進行「一邊一國」的實際行動，自然「反中」民意會大幅上升了。（2015.2.25）

從「二二八」憶「九一八」

　　「二二八事件」是六十八年前，全臺同胞熱烈慶祝臺灣光復，歡迎祖國大陸執政的國民黨接收，卻因基層官員處理與民間糾紛不當，造成小事化大，進而流血衝突，是極不幸的事件。其前因後果，多年來經學者專家訪查研究，不斷公開史料，讓社會大眾了解真相。外省人士受波及者，死亡不在少數，已難統計數量。本省受害人數和金錢補償等，包括白色恐怖受害者，均有補償，在此不再贅述。此事重要的是，吾人紀念「二二八」不應搧起仇恨，應以記取教訓，禱祭無辜為要。而真該普遍紀念的，應是「九一八」。大家凡是中國人，就不該忘紀日本帝國主義入侵我國，殺害我同胞無數的血海深仇。我們在此紀念「二二八」時，不覺聯想起真正應警惕不忘的是「九一八」，造成我國歷史上最慘痛的日本軍閥暴行。（2015.3.3）

習近平再警告臺灣，
絕不能搞獨立

在中國全國人民代表大會上，習近平明確的對臺灣的未來作了宣布。他指出島內領導人如繼續搞獨立，則必將落得「地動山搖」的結果。儘管習近平沒對此言進一步解釋，但習近平從不說空話、假話，故不難想像他已不會繼續容忍臺獨了。習近平曾指出，臺獨是阻礙兩岸和平的非法組織，要依「反分裂國家法」加以「剷除」。而此法規定兩岸統一，不能無限期拖延。因此從習近平的態度和言論，可以得知，他強調兩岸關係只是一個中國兩個地區的關係，統一是必然的，是莫之能禦的。無論世界上任何力量。均無法加以阻撓的。

不過，在習近平嚴厲警告島內一些企圖分裂國土的臺獨（民進黨）、獨臺（部分國民黨人）後，習近平說將循正確方向前進，要更好的照顧到所有善良同胞，利益要大家有感。

在此，我們要指出對習近平談話，應特別注意的是，他巧妙的正式否定了國民黨的「九二共識」、「一中各表」的「獨臺」，不願拖延統一。並以「九二共識」要求臺灣

認清它是兩岸共同為「一個中國」的政治基礎。故國民黨心中要的，公開宣稱的「一中各表」已不存在。否則豈不是大陸放縱「一邊一國」讓國家分裂，難道大陸真的是好唬弄與哄騙嗎？（2015.3.6）

蔡英文等臺獨主張勢必成為
永難實現的幻想

　　大陸領導人宣示反對臺獨的決心，立即破滅了蔡英文等獨派人士多年的夢想。同時更打臉國民黨的「獨臺」花招「一中各表」。

　　據海內外學術界長時期研究，世界公認中國大陸是說話最算話，一定能兌現的國家。檢驗其建政以來，從未有說空話的紀錄。因此各國無不認為中國必定統一。就連美國前總統柯林頓，退休在澳洲公開演講，便肯定認為中國大陸一定會統一臺灣。

　　近來習近平在人大、政協兩項重要大會期間，針對國際媒體十分關注的臺灣問題時。打破了自江澤民、胡錦濤主政時，一直模糊不清的情形。致令臺獨及國民黨獨臺等設想，都遭到前所未有的挫折。

　　不過未幾，民進黨想出另種希望，黨主席蔡英文又打起精神公開說，只要二〇一六年大選獲勝，中國大陸必然會向綠營靠攏，並未把習近平的話放在心上。

　　少數臺灣研究大陸問題的學者分析，習近平直言警告，是對臺新政策，是總結過去經驗的具體改變。並認為

習近平談「九二共識」反臺獨，在文字上的變化加上「兩岸同屬一中」而無「一中各表」。他說政治人物應以增進人民福祉為任，希望兩岸盡快展開政治協商，包括涉外事務、軍事互信、和平架構等，才是雙贏的上策，也是臺灣唯一的康莊大道。（2015.3.11）

美國經濟學者認為
印度難以追上中國

　　近年來由於世界上人口僅次於大陸的印度，已超過十二億人，在科技、經濟方面取得快速進步，卻成了臺灣許多「反中」人士大加宣傳，及部分媒體稱讚的對象，似乎希望印度壓倒大陸，心裡才舒服，尤其喜歡把軍事和軟體科技的進步代為炫耀。

　　本來大陸緊鄰國崛起，其人民都能脫貧致富，以中華傳統文化孕育出的睦鄰美德，對印度政府與人民的努力，無不感到高興與欽佩。但像臺灣「反中」人士，和美、日等嫉妒心強，不願眼看中國快速強大，莫可奈何之餘，就希望印度趕快在經濟、科技、軍事等方面超過中國大陸，這種心態是極下流可恥的。

　　豈料日前美國《華爾街日報》披露了一則足以令上述人等失望、洩氣的新聞。指出中、印均為全球經濟成長最快的國家，中國第二，印度第九。經濟學家認為，印度要追上中國，最少要十一年，而且是在中國減緩或停滯時，否則如中國仍快速前進，則追上中國就要七十八年。以世代來看，約需三個世代。但如印度以每年百分之八的經濟

成長，加速至百分之十的話，而中國均在百分之五左右，則仍要廿三年始能趕上中國。不過以中國各類人才之眾，其減速慢行的經濟應不可能。故《華爾街日報》此項新聞，將令臺灣「反中」群眾大失所望。（2015.3.20）

新加坡偉人李光耀逝世

　　新加坡建國元勳李光耀，廿三日凌晨三時十八分逝世，享壽九十一歲。生前李氏是我國海峽兩岸的盟友，也是受到世界各國尊重的治國偉人。

　　政治家和政客最大的區別，在於前者以其豐富的政治專業知識，與管理眾人之事的獨特經驗，加上對未來諸般事物的正確預測，進而為其國人提供最好的服務。後者則短視、無遠見，只看眼前利益。

　　退休後的李光耀，依然憂國憂民，關心國事與世界大勢。晚年言談中，透露出對領導世界的美國很擔心，認為美國文化日趨墮落，道德基礎正腐蝕崩解中，將成為不良示範。但他越來越看好中國。認為目前中國的分量遠遠超過美國與日本的總和。他曾強調，中國以博大精深、仁愛為主體的傳統文化，加上掌握現代最先進的科技，自然對世界上所有國家有利。強國大國以王道面向國際，必然廣施雨露，為各國愛戴，其威力實莫之能禦。

　　李光耀曾忠告美國領導者，不可與中國為敵，否則它將發展成反向戰略，削弱美國國際地位，特別是在亞太地區的勢力。對於中國的鄰居印度，李光耀直言其官僚體制

僵化，不可能在經濟上欣欣向榮，是個未臻完善的偉大國家，不過其潛力難以充分開發。印度有三百卅種方言，並由卅二個小國合體而成，十二億多人口，只兩億多懂英語。對於中國大陸和臺灣，皆有深厚的感情與了解的李光耀，在大陸改革開放後，曾多次到大陸，看好大陸崛起和無限遠景，乃大量投資大陸，成為好夥伴，並預言海峽兩岸一定會走向統一。（2015.3.25）

亞投行是金融創新與突破

　　由中國倡設的亞洲基礎建設投資銀行，簡稱亞投行，宣布本月底，即截止「創始成員國」申請登記。於是掀起全球各國爭搶的熱潮，連美國和日本最不願見到的歐洲強國、中東大國，以及大洋洲國家幾乎全部加入，而亞洲二十餘國亦紛紛入行。一時令主導亞洲銀行的美、日兩國圍堵策略失敗，目前已確定參加亞投行的國家已超過四十餘國。

　　溯至一八三九年，即滿清道光十九年，美國就趁英國大量向我國輸入毒品鴉片之時，亦毫不落後，以致林則徐強迫英國人交出毒品時，也一舉捕捉到美國的運鴉片船隻，立即將毒品燒燬，唯未捉到的均一一逃走。

　　當道光二十年至二十二年，中英兩國發生鴉片戰爭期間，美國做法更狡猾無恥。竟派出海軍司令基爾尼，率領海軍艦隊駐守在中國海面上，專門支援英國。當時的美國總統宣稱，英國打中國是理所當然的，因而成為英國對中國強盜行為的幫兇。在清政府敗於英國時，美國也從清朝官廳敲詐走白銀數十萬兩，因此美國立國後，便開始不走正道佔中國便宜。及至八國聯軍攻打中國，與滿清簽下諸

多不平等條約，美國竟一律分得同樣利益，佔盡便宜。從此也看準了中國積弱好欺，凡中國與外國簽的不平等條約，美國也必須算上一份。於是乃有喪權辱國的「望夏條約」（一八四四年）、「中美天津條約」（一八五三年）等，從此便食髓知味，長期在中國巧取豪奪，佔盡便宜獲取不應得的各種利益。直到中國對日抗戰勝利，卻又與蔣介石以協助消滅共黨為餌，簽下兩項較清末尤為喪權辱國的「航海通商」條約。幸國民黨敗退臺灣，否則整個大陸必淪為美帝殖民地。

當毛澤東擊敗蔣介石大軍，建立新中國，才把美帝和列強長久布局欺凌我國的「毒瘤」──所有的不平等條約，全一筆勾銷。此外毛澤東為了寸土必爭，建立新中國後，曾對外十次用兵，且能在極端困難條件下，打贏侵略者，已在我國近代史上留下光輝紀錄。

由於美帝嫉妒中國崛起，總不斷動腦筋、施手段，欲阻撓、壓制中國大陸，還大力分化臺灣，暗助臺灣份子快速往分裂路上走。唯臺灣地理位置是中國大門，對國家安全極其重要，是國家核心利益，是絕不可能任其獨立的。

（2015.3.30）

博鰲蕭習會只有四十五秒而已

臺灣媒體曾大肆宣揚「蕭習會」即將登場。將代表臺灣在平等互惠、主權、尊嚴維護下，表達臺灣加入「亞投行」意願。蕭萬長於專機出發前，馬總統曾接見面授機宜，島內財經界亦寄予厚望，堪稱鑼鼓喧天而往。

不過，當三月廿八日的「蕭習會」正式登場時，儘管事先安排時間為五分鐘，但實際會面，只有閃電般四十五秒，也就是蕭萬長在與習近平握手的剎那。蕭萬長雖有表達臺灣加入「亞投行」意願，但習則只微笑答以「我理解」，如此而已。

事後臺灣媒體認為，「蕭習會」仍極為成功。雖然外界評論，臺灣過去數月對「亞投行」的參與沉默不語，是在等待美國和日本的動態，以便配合隨之起舞，今美、日號召大家排斥失敗，只好自己抵制。臺灣則為了切身利益，只有背美、日之道而馳，認為必須加入「亞投行」，以求活路，乃不得不有「蕭習會」。

蕭習兩人「打招呼」後，大陸主流媒體罕見的指出，大陸多年「以大侍小以仁」，處處讓利遷就，視臺灣為自己同胞，不斷送暖、大採購等，而臺灣卻另有所圖。並指

大陸太過熱情，臺灣竟變得「傲嬌」，言下之意是不識抬舉。這次蕭習會的狀況，似亦與大陸近年對臺灣當局的感受「失望」不無關係。

我們希望臺灣政治人物、學者多了解近代史，明白中華民族崛起和偉大復興的重要，認清大是大非，萬不可成為「反中」的卒子，被美、日等國利用。（2015.4）

柯文哲兩岸言論有問題

　　臺北市長柯文哲，日前以神勇姿態發表有關兩岸的言論。先說：「沒人認為有兩個中國，當今世界上並沒有人認為有兩個中國」。所以「一個中國並不是問題」。

　　這番話乍聽起來很「兩岸一家親」。但只要了解臺灣實情的人，立刻發覺柯市長的話非常弔詭，充滿謀略。奇怪的是，海協會令人感到不積極外，連經常出入兩岸間混了很多年的人，竟感覺不到臺灣民意離祖國越來越遠，而柯文哲的上述談話，可作多種解釋。此種如外國人談中國的口氣，依然博得大陸涉臺人士按讚，反應欣喜。

　　國臺辦應早了解，臺灣民眾和世界上許多國家一樣，知道「中國」，而臺灣人民也和其他國家般，指「中國」不是自己的國家。因此柯文哲說世界上只有一個中國，應屬國際語言，與臺灣無關。柯文哲另一句：「一個中國不是問題」，這亦等於外國人談中國。本來世上千百年來就有「中國」這個國家，當然不是問題，然其用意在模糊焦點，似是而非。國臺辦只往好處想，故使柯順利前往上海。在柯文哲心裡，必覺對岸涉臺人士很易耍弄。

　　只要看看近日為了海峽中線航空問題：申請入「亞投

行」問題，正掀起民眾不滿與抗議，而學者、專家、名
嘴，均劍指大陸，認為臺灣最大的敵人就是大陸，時刻要
併吞臺灣。柯文哲內心想的，口中講的，絕不是國臺辦所
理解的那麼簡單，僅用幾句「花言巧語」就哄住了大陸涉
臺人士，讓他輕易到上海交流、開會。返臺後民進黨人紛
紛稱許，民眾讚其有辦法。看他與臺獨們的互動，應知他
是反中之一。（2015.4.2）

最無恥的日本首相安倍

　　自二次世界大戰慘敗後，日本歷任領導人中，最無恥的，便是被國際間看不起的安倍首相。其政府文部省四月六日，竟昧著良心歪曲歷史，公然篡改我國疆域，將我國釣魚臺島，誣稱屬日本國土，並把殘殺我同胞，最令人髮指痛恨難忘的「南京大屠殺」曠世慘案，一概否認，企圖掩滅與否定其毫無人性的歷史劣跡，想用「南京事件」輕描淡寫，欺騙其青少年，灌輸極不誠實的觀念。這是假造的歷史，必將影響人民的前途。

　　從第二次世界大戰後，從各戰敗國復甦情形可得知，德國能深自檢討悔過，一再向被害國真誠道歉。只有在侵略期間最失人性。至於比禽獸還不如的小日本，不但沒有對殘害國表示一絲悔意，甚至仍無人性，對血淋淋的侵略罪惡無一絲懺悔，如今野心未泯，又露出貪念，厚顏無恥的硬指釣魚臺島是日本的。還否認曾在我東北進行毒品的活體試驗，以及滅絕人性的「慰安婦」等罪行。成為二十一世紀人類倡導和諧、人權聲中一大諷刺。小日本應知歷史罪證是無法磨滅的，上一代錯誤已經鑄成，今後必須為子孫後代著想，要給他們留個活路。（2015.4.6）

一帶一路和亞投行是好出路

　　最近祖國大陸繼突破美國政經圍堵，以亞洲建設投資銀行的設立，與一帶一路的海、陸通道等經濟帶，成功布局全球各國，達到政、經交融互利皆贏之外，在防禦性軍備方面，亦加緊發展，進步神速。其艦隊曾於海上實戰演習後，再繞日本島一周。解放軍空軍戰略轟炸機、及新型戰鬥機均可在北斗衛星配合下，威力已達整個亞太地區。輕易突破美、日苦心經營多年的所謂「島鏈」封鎖。

　　巧合的是，就在美國與中國「博奕」，無論軍事、政治、外交、經濟等方面，均無佔上風之際，便有美軍一架F-18C 戰機，緊急降落臺灣南部機場的事件。先是美國相關單位宣布機械故障，接著說「中國看得懂」，復稱與政治不無關係等，似在依此事件，製造外部各類想像空間。尤其長期對中國大陸具敵意，面對大陸一日千里的進步，感到百般無奈的嫉妒時，美國大黃之來，不論真正原因為何，臺灣主政者均感欣喜，透過媒體，便令人覺得臺灣當局對此有無法掩蓋的慰藉之感。

　　另方面，我們看到大陸立即指美軍機降到中國主權所在的領土臺灣，違反「上海公報」。唯美國只一再強調為

「機件故障」作推諉，但明眼人皆對此類「小動作」感到不齒。多年來，美國對中國崛起的反應，不是高興而是嫉妒，表現出心胸狹窄、見不得別人好，特別是要趕過他們時，心裡便難以忍受。（2015.4.8）

《新加坡原來如此》一書
是誤解該國

　　新加坡開國元勳李光耀逝世，可謂屍骨未寒，就有一本宛如鞭屍的書，搶在臺灣出版。這書主要指新加坡的法規，很多不按牌理出牌，把「畸形」當常態。作者是該國媒體評論員，但立論顯得粗糙、不成熟、成見深，書中憧憬著歐美式的「自由、民主、人權」。實際上這書對這些制度實況、國情欠深入了解，對世界現勢一知半解，更對世界近代史無知，才會身在福中不知福，把歐美等國家想得太美。李光耀主政新加坡，採取嚴格管控和菁英治國，創造與維護小國人民利益，不但能夠獨立生存，還能周旋、屹立於世界強權大國之林，國民均受到各國尊重。幾百萬人民在六八二點七平方公里的國土上昂首生活，富裕安樂，成為大家羨慕的地方。

　　我們看改革開放的中國大陸，也是菁英治國，才能在極短的二、三十年間，從一窮二白的困境崛起，成為民富國強，不再受列強欺凌的可憐蟲，並能發揚中華文化的仁愛精神，以利己利人的精神面對世界，自能受到國際間的尊重與歡迎。然為了維護國內祥和安定，使十幾億人民不

受外力蠱惑，自然對外、對內，都有嚴格管控方法，對違法犯紀者，均有法律制裁。只有腦筋不清楚、自私自利者，才會面對這一切感到不知足。在新加坡和中國大陸都有這類不知好歹的「反對派」。其實在歐美等國裡，不滿現狀的均大有人在。（2015.4.16）

「九二共識」關係到臺灣前途

　　這幾天臺北媒體報導的兩件事，均關係到臺灣前途，值得分析。

　　首先是前國安會秘書長，也是馬英九智庫之一的蘇起，認為民進黨主席蔡英文宣稱，兩岸問題主張「維持現狀」太空洞。因維持現狀是有條件的。蘇起指出，國民黨主政之所以能維持現狀，在於承認「九二共識」，而蔡英文多年來從未接受過「九二共識」。故如果否定一中原則的共識，只強調臺灣主權，或倡導獨立，則主政後的兩岸關係必然無法維持現狀。甚至給臺灣帶來危機。

　　其次，是由臺大教授主辦的「兩岸統合學會」，理事長張亞中認為臺灣應擔綱牽線中美角色，助中國與美國保持更好的關係。此言不僅對大陸不了解，對美國不懂，甚至連臺灣有多大分量都未弄清楚。今天的大陸，政治制度已進入科學化、現代化，尤其是專業化程度，已被歐美學者公認其制度走在時代前面，其政治、外交、科技、教育、文化等，特別是管理功效，均成為各國學習研究的目標。而其人才濟濟，任何問題，都能依事情輕重緩急一一解決。而外交更屬大陸強項，因有強大實力與專業人才，

自然輪不到小島臺灣了。張亞中自不量力的提議，在美帝看來，臺灣不過是向其搖尾乞憐的走狗、奴才，哪還被看重，之所以對來交往卵翼，是要把臺灣作為糾纏大陸的工具而已。試問中國大陸與美國兩強博奕，容得臺灣插嘴嗎？（2015.4.16）

兩岸大閱兵，目的各不同

今年下半年，兩岸主政者均將舉行大閱兵，主要目的各異，大陸稱是紀念抗戰勝利，以及臺灣光復七十週年，故選在九月三日，即日本宣布無條件投降日。而臺灣卻選在美國獨立紀念日，七月四日。值得注意的是，近來臺灣知識界對大陸閱兵極端不滿，透過媒體杯葛，認為大國崛起不應炫耀武力。反而對侵略我國，殘殺我同胞以千萬計的日本，親近之餘，竟以日人口氣指其投降為「終戰」。

臺灣政府媚美親日、低聲下氣，什麼虧都得吃，但對祖國大陸不加好顏色。

大陸改革開放後，在全民奮起努力下，快速崛起，真正實現了孫中山希望超英趕美的理想。因表現出中華文化王道與仁愛互助精神，大陸的發展已受世界歡迎。北京大閱兵，目的在展示軍事力量，告訴人民放心追求個人理想，齊心建設國家，列強侵略已不可能重現，且對臺灣的收回具無比信心。然而臺灣閱兵，選的日子就有拍美國人馬屁之嫌。不但如此，還大買美國軍品及農產品，如牛肉、豬肉等含有問題的添加物者皆必須進口。執政者為了引進外力而抗中拒統，連島民健康亦在所不顧。閱兵只在

提振士氣，必要時再作最壞打算，作困獸之鬥以爭取美日救兵的到來。因此海峽兩岸今年的閱兵，意義與目的完全不一樣。（2015.4.20）

海峽兩岸應屬「同床異夢」，
臺灣從未想要統一

　　近八年來兩岸溝通協商、人員交流、商貿熱絡，在大陸看，兩岸真似「一家親」，統一應已將水到渠成。大陸一向倡儀的「和平統一，兩岸共築」、「中國夢」的願景在望，民族偉大復興，兩岸同寫我中華民族燦爛、輝煌的光榮歷史，即可成真。

　　然而在渴望統一的島內知臺人士眼裡，總覺得大陸主政者太天真，過於一廂情願，完全不了解臺灣內情是幾乎全百姓反對統一的。

　　至於「九二共識」，臺灣與大陸也是南轅北轍。大陸認知「一個中國」自是合法代表中華民族正統的「中華人民共合國」。而臺灣則強調「一個中國」是「九二共識」後而加的「但書」，大陸並未反對在「一中各表」下的另一國家「中華民國」，故為「一邊一國」，互無關係。同時主政的馬英九，任何場合談話皆強調臺灣是主權獨立的國家，是獨立的政治實體，絕無統一「賣臺」想法。目前的臺灣，政府與人民均視兩岸為兩國，即「中國是中國」、「臺灣是臺灣」。所謂「和解」、商貿、觀光旅遊等，視同

國與國間交往。而大陸的讓利、和好等，臺灣無不歡迎，唯不可談統一，臺灣視「統一」為「併吞」。故要拚命抗拒。

在此，我們引用四月二十三日臺灣陸委會主委夏立言，在立法院表示：「九二共識」就是「同意大家不同意」，繼言臺灣認知的「九二共識」必附帶有「一中各表」。從兩岸各不相同的思維、且臺灣表明是主權獨立的國家看，要想統一應屬難上加難。（2015.4.26）

美國不願見崛起的中國

　　新上任的美國國防部長卡特，尚未對國際局勢深入了解，便像出柙的狂牛，怒目四顧，逼視各方。也許他心中早有成見，第一個瞪住的就是遠在萬里之外，低調努力為解決十幾億人民溫飽、福祉，埋頭苦幹，快速進步，沒有惹著任何國家的中國。原來美國主政者不求公平競爭，對蒸蒸日上、百行百業欣欣向榮、產品銷售力特強，經貿暢旺的中國，往往在商場上屈居下風。不服氣又莫可奈何，便對中國溫良恭儉讓，認為窩囊，好欺負，於是大肆造謠，宣傳散布「中國畏論」，希望各國一起來壓制崛起的中國。

　　美國防部長卡特無緣無故對中國敵視，並瘋狂決定美國將開始輸出特種部隊，企圖鋪蓋八十餘國，以便主宰全球。

　　此外還加強美、日防衛合作，公然把我國釣魚臺島，劃入美日防衛範圍內。不講理的美霸，總圍繞在中國四周，製造問題以阻礙中國大陸的發展。

　　此外，美國困擾大陸最有利的棋子，就是數典忘祖，一心想著脫離祖國而獨立的臺灣。

　　臺灣不願統一，主要靠山是美國，其次是日本。臺灣

歷任執政者，寧可卑躬屈膝，毫無尊嚴，還得花大錢在外交、公關公司及昂貴無比的軍購上最後落得為美國壓制中國大陸服務。（2015.4.26）

臺灣「民主」選舉的真實面

　　這幾天國內外局勢堪稱瞬息萬變，令人看得眼花撩亂。且各種現象與發展，多半使人憂慮。

　　先看國內，今年是臺灣領導人提名登記的時候，臺獨民進黨推出的候選人，是生活成長在中國土地上，卻口口聲聲不願做中國人的蔡英文。而國民黨大都是些自私自利的「精算師」，毫無國家民族觀念。更遑論對社會、人民有責任感。他們都在彼此觀望，一定要等到對自己最有利的一刻，才會表態登記「總統」候選人。

　　臺灣的選舉是有錢人才能玩的政治，民進黨內初選要繳出臺幣五百萬元保證金始可登記；而國民黨訂為兩百萬元臺幣。等到向政府選委會登記為正式參選候選人，則保證金要臺幣一千五百萬元。而選舉過程中，候選人的各種花費，五花八門，難以計算。

　　我們單看臺灣民主選舉的祖師爺美國，歐巴馬競選連任，就募集政治獻金十一億美元，因此資本主義的「民主」，只是富人壟斷、霸佔領導層的玩意兒。有投票權的民眾，均被各候選人巧妙的運用為支持他們的工具，這就是「民主」的真實面。（2015.4.29）

國臺辦應把臺灣真實情況
反映給中央

最近筆者與幾位深明大義，愛國、愛我民族的人士交換意見。大家均認為美日等國，時刻找中國大陸麻煩，設法搞蛋，總想阻滯祖國大陸崛的發展。特別要利用臺灣以製造實質分裂，徹底牽制大陸。馬英九主政時，尤能遵照美國政府用心設計的謀略高招，即對大陸施放似是而非可多種解釋的「不統、不獨、不武」的煙幕，進而要求「外交休兵」，以達到少花邦交大頭錢，而避免邦交國跑到大陸。以變相獨立的「維持現狀」，進行與對岸三通大交流，藉此在經濟上注入活水，使外匯存底急增，於是有能力走向國際，並向世人宣揚是主權獨立的國家，並把向大陸賺來的錢，購買大量武器，專用在必要時抗拒統一之用。此外，企圖在交流中促使大陸和平演變，豈非更為「得計」。

四月二十八日，馬英九接見夏威夷中西中心二〇一五年「西太新聞獎助計畫」記者團時，便宣示維持現狀的種種成果，強調臺灣是主權獨立的國家。

不過臺灣關心國家統一的人，很不解的是，兩岸雖交

流熱絡，兩岸負交流責任的官員卻從不提起統一之事，甚至當成大家不敢碰的禁忌。以致對大陸而言，整個交流失去了意義，造成反效果，反而助長了分裂勢力的實力。

我們不解的是，國臺辦人員在臺灣從未聽見介紹大陸傲視國際的偉大建設、突出的科技、推行中華文化的成就、政治制度的優越處等等。只是在島內唯唯諾諾，被島民看低。這種失焦的交流，對統一沒有任何好處。

（2015.4.30）

楊志良認為社會主義才有公平正義

一向被臺灣社會認為是公平正義鬥士，勇於直言抨擊時政，肯說、真說的衛生署長楊志良，五月一日攜帶兩百萬本票，到國民黨中央登記領表，要參選二〇一六年總統初選。楊志良曾求學於美國密西根大學，研究人口計畫等，獲博士學位。在他任衛生署長時，宣誓要推動醫療公平政策，全民健保不再有醫療窮人。在他心中，認為要用「社會主義」的方式，分配醫療資源，因此他在參與全民健保制度規劃和推動時，雖然阻障重重，但仍為臺灣健保作出極大貢獻。在廣大人民心目中，留下良好印象，公認做得最公正無私，也讓弱勢族群同等受益。

楊志良特別提到「用社會主義分配醫療資源」，以達「公平原則」，但臺灣一般民眾對「社會主義」毫無概念，特別是中國共產黨實行的正是「社會主義」，已使大陸崛起，成為世界第二大經濟體，達到民富國強。而在臺灣，卻對「社會主義」一詞多所避忌，不願提及。故一般人都毫不了解。楊志良為人心胸開闊，又在海外留學，自然涉獵甚廣，對歐洲思想家著作較了解或多所研究。才會

提出島內大多數人沒聽過的主張。其實社會主義與資本主義最大的不同，用一句話來分辨，即有飯大家吃，有錢大家賺。析言之，就是我有錢，也要讓你有。而資本主義則是老子有錢是我本事大，你窮是你家的事。物競天擇，適者生存，要不然就乖乖聽我的。中國大陸受各國歡迎，正如楊志良所言，像「一帶一路」、「亞投行」的設立，皆是利己利人方法。今楊志良參選，定有新作風。（2015.5.3）

習近平見朱立倫，隱含對統一急迫感

　　中共總書記習近平，與國民黨主席朱立倫，五月四日在北京人民大會堂會面，引起各方注意。事後的反應、解讀各異。總之，此次習、朱會面，主要宣示「九二共識」、「反對臺獨」外，強調兩岸已屬命運共同體。多年交流進入新的重要節點上，今後的路該怎麼走，應是兩岸所有政黨和社會各界的重大問題，相關人等必須認真思考，意即兩岸統一不能再拖下去了。

　　習近平開門見山的話，明顯指出兩岸已到建構和平制度框架的時候，避免臺灣政黨輪替，永遠動盪不安。

　　至於朱立倫自以為「精算」的「求同存異」，希望繼續走「一中各表」之路，想不到習近平卻用「聚同化異」，加以蓋去「各表」，且在極細微處，仍不含糊，將兩人會面安排為「會見」而非「會議」。表示歡迎臺灣入「亞投行」，對朱提出的各項經貿讓利等期望，習近平未作任何承諾。顯然「會見」目的在提醒臺灣，交流已至深水區，意即該往統一目標有所行動了。同時表達堅決反對臺獨的意志。

　　朱立倫在對國父孫中山衣冠塚弔唁時，特意提到「中華民國」與孫中山的理想。其實其崇高理想首重國家統一，以及實業計畫、建國方略、建國大綱等，並強調三民主義之民生主義，就是共產主義（社會主義）。孫中山的救國理想，在國民黨中已是走樣。追求國家統一，民族復興抗拒列強欺凌等愛國救國理想，早就忘諸腦後。習近平望兩岸和平統一，寄望於島內統派指為「獨臺」的國民黨，應將落空無疑。（2015.5.7）

「自然獨」、「天然獨」
對青年的戕害

　　根據最近新聞報導，中國大陸研究中國大陸的學者們，想從臉書、PTT 及新聞評論等資訊方面，了解臺灣年輕人對大陸的想法、看法。不看則已，一看之下，卻都被嚇一跳。雖然他們沒有轉述被罵的內容，但認為臺灣青年對大陸批評，充滿偏激、不理性、歪曲、敵視、失實。從這些帶有成見、鄙視大陸的聲浪，顯示出不理智的誤解，且表示出仇視而軟硬不吃的態度。故對大陸的「讓利」、「兩岸一家親」認為是陰謀「統戰」，不懷好意，是要併吞臺灣的手段。在他們心中，臺灣已是另一國家。這種臺獨分裂意識，堪稱一脈相傳，從兩蔣後，臺灣從根上已把島民教育成反中的獨立國家「中華民國」，學生自幼由教科書裡便植基為主權獨立的國家，因此多年來，普遍無人談統一，不但如此，就連大陸國臺辦人員、來臺的遊人等，均像外國人一樣，無人談兩岸應統一。這情形令臺灣民眾更堅信海峽對岸是臺灣鄰國而已，兩國交流本來就正常，自然不會想到統一了。不但如此，大陸提統一，這邊便翻臉。何況多數臺灣人，包含臺商，內心總對大陸有距

離，甚至輕視。尤其國臺辦官員們在臺灣唯唯諾諾，一副
「乖孫子樣」，任人謾罵、摔倒在地、圍困在飯店「忍辱
負重」等，留給臺灣人的印象，卻是窩囊令人看不起。我
們認為大陸對臺讓利，意義不大，有些島民反覺得是「統
戰」，也就是有目的的討好。所以我們希望大陸涉臺官員
冷靜研究島民心態，和臺灣中產人士的想法，以及與美、
日密切的關係，進一步了解無法一家親的真正原因，以便
「對症下藥」，完成統一。（2015.5.12）

戴瑞明建議落實兩岸 「一家親」

昨（十二）日臺灣曾派駐教廷的退休大使戴瑞明，寫了篇文章，題目是「大陸應該給臺胞免簽」。文中指出，最近「國共論壇」後，大陸可能單方面簡化臺胞入境手續。戴瑞明認為，既然「兩岸一家親」，家人回家還需要帶一大串鑰匙嗎？他並強調大陸當局不要「為德不卒」，最好乾脆一次取消入境簽證，達到和平交流，方便順暢，令臺灣同胞有感，甚至改發公民證。

對此，我們十分贊成戴先生的看法，與對大陸相關單位的建議。我們想加以引申，即大陸一向在國際上宣示，「臺灣是中國領土不可分割的一部分」及「臺灣的土地從未與大陸分開」。這一嚴肅宣示，其實國際間大家均心知肚明，耳熟能詳。那麼依照臺灣退役上將夏瀛洲曾公開倡言，「國軍（臺灣軍）」、「解放軍（大陸軍）」都是中國軍的一番真知燦見，意即兩岸軍人自應屬一家人，槍口只能對外，共同保家衛國對抗列強。

因此我們認為兩岸雙方客機、郵輪，商船等往來頻繁外，軍艦、軍機、陸軍等，皆可交流。大陸各軍種應主動

要求進駐臺灣港口、機場與島上三軍聯誼訪問，同樣臺灣
三軍也可以回訪。如此才算真是一家親的「真實版」、和
平統一的前奏。否則只要任何一方不願意，則立即暴露異
心。為了維護國家領土家園，多拖無益，統一刻不容緩。
到統一後，戴瑞明關心的所有事情必能一律解決。

（2015.5.13）

大陸擬訂「中國國家安全法」草案

　　繼美國國防部五月八日公布「中國軍力報告」，並宣布隨時可能發生的海峽兩岸衝突情況，認為以中國大陸對臺積極軍事布署情形研判，勢必要在適當時間，用強大的武力，嚇阻、延遲，甚至阻絕第三方（他國）介入，迫使臺灣放棄獨立而走向統一。美國此項對臺警告之後，大陸五月十四日突然公布震撼臺灣以及常暗地插手我國兩岸問題的國家的「中國國家安全法」草案。直指維護國家統一，也是臺灣同胞的責任與義務。換言之，只要是中國人，便義不容辭地要為國家統一出力。顯然大陸發現無法改變臺獨意志，故表明對臺獨不再容忍。這和美國絕不允許在德州及夏威夷搞分裂獨立份子立足、存在，是同樣道理的。各國對分離分子，均視為叛亂犯。

　　據大陸智庫權威人士張文生，日前對臺提出警告，認為習近平拋出「地動山搖」說，臺灣各界絕不可等閒視之。這話在必要時候就一定會兌現。尤其大陸新修改的「國家安全法」明確把臺灣納入。凡是望早日看見統一的愛國人士，均認為臺灣不應做洋人走狗。兩岸統一島民便

是頂天立地、有尊嚴的中國人,這才是正道。唯臺灣多數人自私自利、目光如豆,只想抱美、日大腿以苟安拒統,不惜做洋人棋子、走狗,期望外力保護維持不統的現狀。(變相獨立)

今天大陸穩步崛起,延請海內外各種人才,故能解決任何難題。大陸治國吸取中華文化精華,對外施展仁愛互助,扶助弱小,和美霸之膚淺各異,乃受世界各國尊重與歡迎,國力蒸蒸日上。相較於臺灣分離,希望日趨渺茫,前景悲哀。(2015.5.18)

習近平治國
改變世人對中國觀感

　　近年來，由於祖國大陸主政者習近平上任後，無論是內政、外交，均能劍及履及，以豐富的學識與深厚的行政經驗，在優於世界各國制度的「中國特色的社會主義」之下，如魚得水，猛虎出柙，迅速在胡規習隨的基礎上，不斷爆發出舉世震驚叫好、稱讚的政績。對內徹底肅貪，調整財經體制，要在極短時間內，讓十幾億國民改善生活，過上好日子，使人人得以在「依法治國，以人為本」的保護下，無憂無慮的安居樂業。在公平正義的保障下，海闊天空的自由發展，追求各自認為有意義的人生。

　　對外，習近平更學貫中西，用科學技巧融入我國古聖先賢的仁愛利他精神。不但輕易化解與震懾住美帝國主義的無理糾纏，並因在國際間濟弱扶傾，博得世界的尊敬與佳評。祖國在大有為政府領導下，不斷在各種建設、科技、經貿、農業等各方面作創新、發明，其雄才大略施展得淋漓盡致。目前歐美學者指出他們努力了兩百年始有今天的成就，中國大陸竟能在二、三十年間迎頭趕上，甚至常有領先創舉出現，必然除政府與人民努力外，制度的優

良，走在時代前面，應屬主要原因。

　　歐美學者意識到中國制度展現的良知、文明，與目前西方所行的鬥爭、無情的所謂「民主政治」的血肉橫飛完全不同。而習近平另一偉大任務，應為兩岸統一了。（2015.5.20）

大陸重視民族復興
臺灣卻想獨立分裂

　　臺灣在藍、綠兩黨吵吵鬧鬧，推舉二〇一六年領導人的候選人之際，祖國大陸卻積極以「九二共識」進逼兩岸應進入政治談判，企盼最終達到和平統一理想，完成中華民族復興，並可消除多年來美、日對中國崛起以無窮盡的阻撓，儘快實現中國人期待已久的對內大一統，對外力抗強權，同胞不再任人宰割，凡事可以自主。

　　大陸急於統一臺灣，主要發現多年視島內同胞為一家人，一切以真誠包容、讓利對待。然而換得的是虛與委蛇，仍有異心。島民追求的是獨立建國、分裂國土，把國家大門變成另一國家，與洋人攜手堵住我國出入口。故強調「維持現狀」作為獨立的「起手式」。尤有甚者，主導島內政局的國民黨和民進黨，不論承認「九二共識」與否，骨子裡都一樣，絕不願參與中華民族偉大復興，他們和知識界，以及能操弄、左右民意的各類媒體、「名嘴」等，無不與美、日意志相唱和。以見縫插針式的對大陸隱善揚惡，甚而造謠詆毀，希望有一天，大陸會被「和平演變」。屆時大陸大亂，則一邊一國立即可以宣布。臺灣如

此吃裡扒外，妄顧民族大義和歷史譴責，挾洋自重，沆瀣
一氣，以自己人為敵，在洋人扶助下，加強軍備，似乎要
為抗拒統一而不惜一戰。執政的國民黨放縱獨派坐大，各
種離心離德的行為，海外關心祖國發展的學者均看不下
去，認為大陸應給馬英九出一道選擇題，即為要「和平統
一」或「武力統一」，這樣才是解決兩岸問題的「實事求
是」的辦法。大陸現已徹底了解臺灣實況，是該作決斷，
解決問題的時候了。（2015.5.22）

美帝無恥，管到我國家務事

　　祖國大陸在我海域九段線內，屬海南省管轄的三百餘平方公里領海內填海，擴大島礁，如黃岩島、美濟礁、南沙、西沙等地，已填成了兩千多畝陸地，建設了機場、港口。且填海造地工程，正快速擴展中，同時新設的三沙市島嶼，及九段線內較大諸島，均開放民眾觀光。這種種有意義的活動，看在厚顏無恥的美帝眼裡，竟很不是味道。其國務卿凱瑞日前跑到中國大陸，誣指九段線疆界有爭議，希望停止南海各島礁建設。大陸當然十分不滿，外交部長王毅就以「保衛主權和領土完整」直接加以反駁拒絕。美帝管到別人家裡的事，犯了侵門踏戶之忌。其實美帝質疑的九段線，我國自古就已存在了，歷史鐵證在案。故九段線屬中國時，美國還未誕生，有何理由和顏面，到別人家裡，指那間房子、甚至那扇窗或門有問題。請問世上有這種不要臉的怪事嗎？離譜得太厲害。凱瑞自然在北京立即踢到鐵板，碰了一鼻子灰，真是太丟臉了。

　　現在祖國大陸在九段線的西沙，已建成一島一特色的美景，被譽為中國的「馬爾地夫」般的世外桃源，如今已成為旅遊勝地，航線開通有一年多了，每月有郵輪四、五

班次，旅客超過萬人。在鴨公島、全福島、銀嶼等海島上，經常舉辦漁家樂等配合旅遊活動。遊客可體驗抓龍蝦、石斑魚等，更給各島漁民增加財富。各島均有海水淡化、太陽能發電，具有現代化的設施，漁貨生意興旺。其他如晉鄉島、甘泉島，以及其他五、六個島，環島公路和碼頭，即將完成開放觀光，今後我國的南海，將是多彩多姿、美食娛樂之地。（2015.5.26）

「統戰」不可妖魔化

祖國大陸第廿一次中央統戰會議，五月十八日至二十日在北京召開。習近平在會中強調，政府要切實做好統一戰線各方面工作，鞏固和發展最廣泛的愛國統一戰線，除了對國內外的統戰工作要做好，特別要把深入實施「一國兩制」的香港、澳門管理好，對臺灣更要加倍努力統戰，達到和平發展目標。

在大陸從上至下，各級政府均有「統戰」機構。其實統戰簡單說，就是「協商」、「溝通」、「協調」而已。即人與人之間、社團與社團之間，黨與黨之間，國與國之間，避免動干戈，以理性交流令彼此了解，使思想一致。古代春秋戰國時代的「合縱」、「連橫」，孟子見梁惠王，灌輸王道、仁愛治國等，均屬「統戰」行為。　國父孫中山在推翻滿清後，領導國民黨聯合共產黨等一切愛國黨派和團體，針對共同目標，「鏟除軍閥，打倒列強」。而能聯絡這些國之精英，一致為國家富強努力奮鬥，實際就是「統戰」工作成功。不幸孫中山早逝，蔣介石軍權在握，破壞「統一戰線」，用武力排除異己，展開血腥殺戮「清黨」，逼使共產黨不得不以建軍存活。由於蔣介石要獨攬國家大

權，以致不能容共，不與足智多謀，人才濟濟的共產黨為伍，只用特務、武力加以無情打擊，乃至敗退臺灣的結局。而在島內，則是透過種種宣導，把中共「統戰」說成毒蛇猛獸、魑魅魍魎、陰謀詭詐，但事實完全不是如此。此外，還把大陸各種成就、進步超過臺灣者，一律說成是樣版。如此一來，豈非全國皆成樣版了。如今其政經布局全球，未用一兵一卒，皆採與人為善，和平互利。這就是貨真價實的「統戰」結果。（2015.5.25）

「不要等到失去和平」
方知其可貴

　　大陸國臺辦主任張志軍，二十四日在金門語重心長的說，希望臺灣不要等到失去和平時，才感受它的可貴。並提醒金門不能搞博彩，發展應走正道。否則大陸肯定會關閉小三通。張志軍的話，帶有愛護與警告意味，宛如大家長對頑劣子弟的忠告。試想：一個靠賭博存活的政府，是多麼墮落無知、可憐。

　　然而張志軍的諄諄告誡和肺腑之言，臺灣方面卻不以為意。國民黨立委表示，博奕法照原意審查進行。民進黨高級人士並對張志軍產生反感。透過媒體向大陸喊話，意指不和平又怎樣？又說：「你們飛彈打臺北，我們飛彈就打北京」。一副「打就打，誰怕誰」的姿態。李登輝執政時，大陸因兩國論形成兩岸敵對時，劉泰英就曾說，臺灣飛彈必要時，可攻擊上海等大都市，還可擊毀三峽水庫等，向大陸嗆聲。因此大陸要知，臺灣真實面就是絕不希望統一。百年來國家民族遭受列強欺凌蹂躪，已與臺民無關。國民黨早非當年孫中山所領導的，有志於救國救民的國民黨。今天的國民黨與民進黨目標一致，只是表、裡不

同而已。兩黨依靠的均為中國最大搗蛋國美、日兩國。潛
意識中,美、日乃是他們反中抗統的後盾和依靠,故不把
祖國放在眼裡。

　　現在的臺灣,面對大陸必然是軟硬不吃,只專心往獨
立方向走。所謂和平統一,正好可為獨立作時間上的緩
衝。屆時和平與戰爭,都不看在他們眼裡。張志軍的警
語,沒有一人能重視,更聽不進去。(2015.5.27)

大陸公布
〈中國軍事戰略白皮書〉的意義

中國大陸五月二十六日頗不尋常的突然公布長達九千多字的〈中國軍事戰略白皮書〉。召告世人其國防總體方針，及保護主權與領土完整，堅定不移的決心。並特別強調毛澤東對外侮者的警告：「人不犯我，我不犯人，人如犯我，我必犯人」的鐵律。意即今天的解放軍，亦牢記遵行。

閱讀此白皮書，除含警告美國不可侵犯中國主權和領域，更不可誤判情勢。中國是負責任的國家。故對外先打招呼。對臺獨，白皮書特別指明，是威脅和平必須反對與消除的。寫明臺灣問題事關國家統一，和長遠正常發展。並指出國家統一是中華民族走向偉大復興的歷史必然。

從這份白皮書中，約能窺知習近平實現民富國強的「中國夢」具強烈使命感，而國家統一更為不可推卸的責任，也是中華民族歷史傳承，是主政者無法逃避的歷史使命，必須設法完成。

大陸有關智庫透露，如臺灣臺獨當政，不知悔改反正，大陸也只有「武統」處理一途了。屆時面對義無反顧

的滅獨解放軍，將不畏任何險阻，完成統一。

另據臺灣向以思考細密冷靜，曾任國防副部長的林中斌日前分析，臺灣如由民進黨主政，臺灣邦交國恐將雪崩式斷交。同時預測不出二○二二年，當習近平治腐，使經濟穩定增長後，對外完成全球布局後，應為兩岸走向統一之時。他認為這是任何外力無力動搖的。（2015.2.28）

蔡英文在美國以「臺灣國」口氣談「維持現狀」

　　臺獨民進黨主席蔡英文在美國宣稱，該黨將盡一切力量，確保臺海局勢穩定，兩岸政策是「維持現狀」，使兩岸穩定發展。她強調在此目標下，才能於執政後，有足夠能量「壯大臺灣」，並指出島民絕不容忍現有的民主制度有任何倒退。她公開以臺灣國的口氣說，臺灣雖非大國，卻願扛起國際社會責任，認為臺灣是亞太安定的力量。為了壯大臺灣，她要充實民主，創新經濟，建立公義。以使臺灣成為華人社會；甚至全亞洲最傲人的民主國家。蔡英文毫不掩飾的往促使臺灣獨立的方面走，且努力向美國朝野透露心跡。其實國民黨要永遠維持現狀的心態，和民進黨大同小異，沒什麼差別。只是大陸國臺辦，亦數十年如一日，自始至終對臺灣政治人物與臺商太不了解。

　　其實民進黨如果和國民黨一樣聰明詭詐，以「九二共識」穩住大陸，爭取大陸盡量讓利，轉身緊抱美、日大腿，把向大陸賺來的錢，大量採購抗統的軍品、武器。而經濟好了，邦交穩固了，就向大陸要求放開臺灣參與國際事務，慢慢步上獨立，或形成「一邊一國」的實況。則大

陸吃了大虧仍不自知。國、民兩黨在追求獨立做法和表現上，民進黨顯得直接誠實，手段、技巧皆嫩。而國民黨把國臺辦耍得團團轉，不但不談統一，還暗地裡把執行獨立的事務交給民進黨去辦。（2015.6.2）

蔡英文如當選，臺灣領導人應走統一光明大道

　　民進黨主席蔡英文，從日前準備前往美國，以及到了美國後，均宣稱一旦當選臺灣總統，首要工作就是「維持兩岸現狀」。針對蔡的說法，大陸國臺辦發言人范麗清答覆記者，指一九四九年以來，海峽兩岸雖然尚未統一，但大陸和臺灣同屬一個中國的事實從未改變。並強調中國主權和領土完整不容分割。換句話說，不論國民黨的「一中各表」，暫時穩住國臺辦，或民進黨語焉不詳企圖蒙混，唯最終都無法改變大陸「主權、領土只屬於中國」的「一個中國」，而任何人和任何力量皆無法改變。

　　因此臺灣的未來只有一條路可走，那就是統一。島內明智具遠見者，咸認為如今的兩岸情況與世界大勢，兩岸統一只是遲早的事，跑不掉的。美前總統柯林頓曾分析臺灣問題，認為統一是必然會實現，並呼籲臺灣主政者，為了臺灣人民福祉，越早統一越好。柯林頓真誠為兩千三百萬善良百姓著想，希望政治人物拋棄自私自利心理，打消分裂國土的不切實際幻想。島內有識之士也希望主政者應放棄繼續做美帝棋子，像走狗般，無尊嚴的苟活，只為私

利，歷史將不會放過這些人的。

　　假如臺灣主政者和政治人物頭腦夠清醒，帶領民眾回歸祖國，做個頂天立地、堂堂正正泱泱大中國的人民，成為千古美事，是名垂不朽的民族大事，也給臺灣子孫後代馳騁發展的大地。（2015.6.3）

大陸的「新民主主義」
馬英九竟全然不知

　　臺灣領導人馬英九，日前在「臺美視訊會議」時，強調若大陸民主化，臺灣更願意與大陸往來。如今祖國大陸不但深層民主化，甚至其政治制度之優良，超過歐美的所謂「民主制度」，走在時代前面。析言之，歐美現行的「民主制度」已屬落伍，是被黨派、財團操縱以謀私利，並且以鬥爭型態產生領導人，造成真正有學識能力者無法出頭。試看美國各屆總統已越選越差，致國力日衰，給其國民帶來的痛苦指數也越來越高。又以目前臺灣而言，馬英九雖然品德操守勝過陳水扁，但在治理能力及政治應努力的方向，皆顯「弱智」，故仍舊盲目依靠美國，毫無尊嚴任其擺布，成為臺灣民調最低，民眾亦低看詬病的領導人。

　　反觀中國大陸，被稱為「新民主主義」，其政治制度可使最有領導能力者出頭，為國家民族服務，帶領十幾億人民走上民富國強之路。在這種「政治專業」制度下，歷任領導人均堪稱雄才大略，是政治專才、高手，不僅為國民服務，努力創造人民福利，甚至發揚我優秀文化，澤及全人類。難怪最近英國牛津大學教授蒂莫西‧阿什，直言

「習近平進行地球上最偉大的政治實驗」，在前所未有的歷史條件下，推進政治改革，有意識的將市場的「無形之手」，與黨國「有形之手」結合起來，令人感到此舉不但能夠讓中共永續執政，並創造「專業政治」典範，是政治科學專業化，服務人類的創新。故馬英九的民主觀，難給人民幸福。非二十一世紀所需要的鬥爭式、弱肉強食的「民主」，而是中國文化孕育出「依法治國，以人為本」的「政治專業」制度。（2015.6.10）

蔡英文競選前到美國尋求支持

民進黨主席蔡英文,於宣布競選臺灣領導人後,迫不及待前往臺灣視為「主子」的美國,尋求支持。目的在抗衡祖國大陸不斷加強的統一聲浪。不但如此,其另一目的更進一步迎合美國圍堵大陸。因此似與美國當局心照不宣,兩相配合下,獲得美國最高當局以國家元首般的規格接待,以堅強其「抱團」美國,共同「反中」的信心與決心。

不過依據現實形勢,臺灣的生存,不論哪個黨執政,皆是攬住美國大腿。假如經濟衰落,民生發生問題,美國在自顧不暇情況下,在經濟上還在逼臺灣買高價武器,和進口對人民健康無保障的農畜產品,所以要想美國救島上經濟,使每下愈況的萎靡經濟有起色,是極不可能而不切實際的。唯一的活路,非大陸莫屬。

儘管蔡英文企圖全力傾向美國,不過仍希望抓住現狀,絕不能讓經濟下滑,否則民不聊生,「總統」的日子也不好過。於是就在一貫不承認「九二共識」思維下,推出「將在中華民國憲政體制下」使兩岸關係發展,把「現狀」繼續走下去。

但今天習近平似已發現臺灣的領導人,不論誰當選,

沒有一個是心懷祖國大陸，深明大義主張統一的。更談不
上深明大義，愛祖國、愛民族的。這些人甘做洋人棋子，
明的或暗的「反中」。他們都想維持現狀，達到實質「一
邊一國」的目的。我們認為大陸接受蔡英文的「憲政
論」，必以「一個中國原則」作為唯一維持現狀的基礎。
即使對國民黨，也應去掉「一中各表」，破解其兩個中國
的詭計。則國民兩黨無論哪黨領政，皆必須往統一方向前
進。（2015.6.12）

洪秀柱主張「一中同表」
主權重疊一致

閱歷、學歷、經歷均豐富，具真知燦見，勇氣十足的國民黨總統候選人洪秀柱，六月十四日以百分之四十六點二○三，輕鬆突破該黨「防磚」門檻，贏得黨內初選總統候選人資格。在全國意向調查中心的民調，其個人支持度，竟一舉達到百分之五十二點六七二，堪稱人民的眼睛是雪亮的。

從洪秀柱演講發表的政見看，她思維的高度，已超越了臺灣歷屆總統候選人和總統。我們認為她的智慧，是看清楚臺灣應走的路，也就是活路與死路，要能作正確選擇。

她一針見血的指出，臺灣已面臨無法繼續偏安一隅的局勢，必須反對臺獨，與祖國大陸平等互惠的儘速簽訂和平協議，實現「一中同表」主權重疊一致，並強調正確的方向，即是兩岸是整個中國。她分析，只有摒棄臺獨思維和企圖，使臺灣跳脫外國束縛，方為正道。被利用與祖國十三億七千萬同胞為敵，甘做洋人圍堵中國的工具，不但沒有尊嚴，還有危險，是臺灣即將面臨的死路。這種失去正確方向的執政，必將給兩千三百萬人民帶來災難。

我們聽了洪秀柱對國民黨，以及寶島同胞充滿著泣血般無私的大愛，說出真誠遠見。應是　國父孫中山逝世迄今國民黨人第一次以大無畏精神，說出對黨國和民眾無私的呼喚。洪秀柱對臺灣充滿愛心的衷言，令人十分感動，更欽佩其勇氣。她在兩岸同胞面前，是昂首闊步，頂立地的巨人。在此祝福她充滿對國家民族，和兩岸同胞的摯愛與壯志，獲得施展成功。（2015.6.15）

大陸有崇洋媚外的學者，
朱雲漢很失望

　　臺灣中央研究院政治學院士朱雲漢，六月十五日在北京「清華大學兩岸論壇」指出「民主的困境」問題，認為臺灣無論哪個黨派，什麼人當選領導人，都會面臨嚴厲的挑戰。無法給人民滿意的施政。朱雲漢似欲透過此論壇，告訴大陸一些冬烘學者，不必盲目胡亂嚮往歐美，以及臺灣的所謂「民主」。同時我也注意到媒體報導，發現有部分北京的學者問題很大，居然強調：「民主是肉，沒吃過怎知不好等等」，我們認為這種論調近乎無知。西哲有言：「知識在預知，預知在預警」。意即求知能對事物預先了解其難易吉兇，判斷是否可行，因此不易失誤，尤具遠離「一失足成千古恨」的悲慘境況。何況世事無窮，你能一一去試嗎？如今擁有十幾億人的中國，制度井然有序，在短短二十來年，發展成民富國強。歐美強權努力了兩百年才成就如此的今天，想不到中國花幾十年就迎頭趕上了。且澤及世界，故成為歐美列強嫉妒、圍堵的新興大國。並研究公認中國崛起之能撼動世界，主要就是制度創新、優越，它是政治走上專業化，和科學化的創舉。對眾

人之事「依法治國」、「以人為本」。比歐美正趨於「退潮」
的以黨派、財團永久壟斷把持，操縱耍弄人民的「假民
主」，兩黨永久鬥爭糾纏的「民主」不同。國家由一黨肩
負培養、訓練有能力者為廣大人民服務，使百業昌盛，而
一般國民皆術業有專工，各忙各的。故眾人之事，就由政
治專業的人負責，不必麻煩百姓，如果像盲人摸象，實難
選出為人民服務好，在國際間善於折衝樽俎的專業人才。

　　北京的高級知識份子，如稍作各國政治，並加以比
較，應知臺灣的「民主」竟選出心無國家、人民，只想做
日本人的李登輝、大貪污陳水扁，和能力不足的馬英九。
弄得臺灣朝野失去方向，成為上下交爭利的亂象。

　　當今凡是不希望中國大發展的國家，皆希望中國學他
們的民主。如同臺灣般，行此「民主」必亂。大家應記得
蘇聯解體、中國的「六四」，把社會攪亂，甚至崩潰，到
那時人人喊苦已悔之不及了。朱雲漢研究各種政治制度，
言下之意，不希望大陸學者對歐美式的「民主」抱不必要
的幻想。（2015.6.16）

香港回歸後卻出現賣國賊

香港回歸後，北京國務院為了體恤港人長期在英人獨斷統治下，沒有自主權，更無尊嚴，回歸後，採行港人治港。凡愛港愛國，有為香港真誠服務的公民，只要合乎基本法規定，皆可出來參加民意代表和特首選舉。

香港如今回歸祖國，在祖國百般支持下，香港的繁榮正步步升高，人民已當家作主，不再受洋人宰制，所有稅收中央不取分文，用以增加公共建設與人民福利。因此香港居民應天天過好日子，享受港人治港的自主權，應該快樂滿意。不料好日子沒過多久，少數頭腦不清、人在福中不知福者，被外國勢力蠱惑，抹殺了祖國加惠港人行「一國兩制」、港人治港的美意，在洋人暗助下不斷鬧事，要求普選特首，排除特首必須愛國的條件規定。甚至異想天開，陰謀搞獨立，似乎有洋人做後臺，什麼都不怕，更把祖國當局不看在眼裡。不珍惜因為祖國強大，才有脫英回歸而更加繁榮，同時基本法並未阻止二〇一七年普選特首，只是設了個防止賣國賊出來競選的條件、門檻而已。

我們認為，香港問題是特首多屬工商人士，行政歷練缺乏，對行政管理經驗不足。換言之，就是港人治港的行

政程度和能力不夠，以致不懷好意的外國勢力混入，製造問題，唯恐社會不亂。我們希望把搞蛋的主謀，一律依擾亂社會秩序法送辦。（2015.6.22）

大陸國安法終結臺灣分裂意圖

臺灣朝野上下為了「維持現狀」，達到永遠和大陸分離，不斷拉攏美、日之外，更在國民黨、民進黨以及其他小黨、大學教授、各大媒體等，讓他們出謀獻策，編造各種理由，如「臺獨黨綱」、「臺灣前途決議文」，又如馬英九的「不統、不獨、不武」、「一中各表」、聯合報大力倡言的「大屋頂架構」等等，莫衷一是，反正都挖空心思為反對統一找理由，並透過各種管道希望迷惑大陸。不料大陸卻石破天驚，祭出必須收回臺灣的「國家安全法」，以法律規定兩岸統一，是全體中國人民和臺灣同胞不可推卻的義務。立刻打消和瓦解了所有欲與大陸分離的幻想。也將使美、日等企圖以臺灣牽制中國的美夢，得以清醒。

大陸全國人大七月一日通過新的「國家安全法」，習近平主席立刻於當天簽署第二十九號主席會，立即生效公布實施。

這項法律直指臺灣，凡是中國人，就得愛我中華、愛我國家，以期共築民族偉大復興的富民強國的「中國夢」，任何人都不容反對，否則就不是中國人。既非中國人，又怎能長期居留在中國臺灣的土地上。當大陸洞悉臺

灣分裂意識日漸蔓延、普遍，並進而成為糾纏祖國發展的
絆腳石時，乃突然採取釜底抽薪的強硬手段，要依照「國
家安全法」一勞永逸，解決久拖不決的兩岸統一問題。對
此法的通過執行，臺灣有識之士無不額首稱慶。認為祖國
當局終於恍然發現對臺灣讓利，反而壯大分裂勢力。島內
多年來，已從各級學校教育下一代視大陸為外國的青年。
才有國民黨馬政府主政而爆發出「太陽花學運」，表露出
島內強烈「反中」思維，並受到馬政府似有意縱容，祖國
當局始覺得問題嚴重，已到非徹底解決不可的時候了。

　　我們認為，島民應以身為五千年文化（近期出土的文
物更上推一千五百年）泱泱大國的國民為榮，扭轉愚昧自
私自利，甘做洋人走狗的行為，放棄不切實際，甚至引禍
上身的惡果。（2015.7.3）

企盼兩岸早統一者才是中國人

最近隨著臺灣領導人改選，海峽兩岸局勢也在積極變化中。這情形完全是因為臺灣全面性反對統一而引起。

回顧自大陸改革開放；兩岸開始交流，至馬英九主政，兩岸經貿更不斷升溫，獲得大陸大量讓利，及至習近平領導大陸，並主張「兩岸一家親」，把臺灣同胞視為家人。

祖國大陸對臺灣採先經濟後政治的手段，認為水乳交融，統一必然水到渠成。兩岸統一了，不但立刻消除美國多年由妒生恨倡導對大陸的圍堵，尤能迅速完成我中華民族偉大復興的「中國夢」的實現。

然而儘管大陸一個勁的親近臺灣，凡是島民忌諱敏感不願聽的事情，國臺辦皆避而不提，特別是統一和「一國兩制」等，兩岸熱絡交流了這麼多年，卻從未談到最重要的統一問題。事實上臺灣歡迎和大陸交流，接受讓利、興利越多越好，不過絕不可談統一。這情形直到臺灣爆出太陽花事件，島內反中和去中國化顯露無餘，以及最近教育上發生的反課綱事情，大陸始發現事與願違。原來臺灣已從各級學校教科書灌輸下一代分裂意識，即「中國是中

國,臺灣是臺灣」,兩岸交往是國與國的交往,所謂「和平統一」,在臺灣看來正是孕育分裂搞獨立的保障,於是就在與大陸全面往來大賺其錢之際,立刻向歐美購進先進武器以備抗拒統一之需。因此臺灣雖根據民調尚有百分之五十二點六居民認同是中國人,實際上和美總統歐巴馬宗祖國是非洲肯亞人一樣,事實上仍屬美國人。故在臺灣認為自己是中國人者,其實也不願統一,他們和臺獨的分別只是認為宗祖國是中國而已。於是,要測知臺灣到底有多少人是中國人,只有從是否贊成統一而忠奸立判。

(2015.2.8)

祖國大陸對臺政策似有嚴厲防獨跡象

　　自從去年臺灣「太陽花學運」後，大陸國務院才震驚於島內臺獨想法之普遍與根深，反中及去中國化，絕不會因為大陸讓利，先經濟後政治便能順理成章。只有水到渠成完成民族大一統，並使島上人民真正深明大義，確知國家富強、民族復興，始能安居樂業。有尊嚴的生活在當今弱肉強食，複雜詭詐多變的世局間的人少之又少。各媒體多年一面倒，對大陸新聞只隱善揚惡，甚至名嘴歪曲事實，貶抑和攻擊大陸的不是，而愛我民族，企盼兩岸早日統一的人，多年前便組成「中國統一聯盟」團體，雖然竭力宣揚兩岸必須統一，參與祖國崛起的偉大建設，透過各種方式不斷努力，主張兩岸統一的人永遠是那兩千餘人，足證臺獨意識之普遍。

臺灣的政治人物從未有主張統一者

　　拋開兩蔣主政不談，自李登輝、陳水扁至馬英九，無一人是主張兩岸統一的。其實馬英九大力促進兩岸交流，

骨子裡想的是借大陸升溫經貿、觀光等，獲得經濟利益。至於統一，將永遠停留在「尚未準備好」階段，不但如此，暗地裡還隨時配合美國圍堵中國，期待有朝一日「和平演變」大陸。雖然這情形國臺也辦了這麼些年，卻還未掌握住，以致國務院迄今才發現事態嚴重，島上居民竟然近乎全面性的反對統一，就連國民黨目前出來競選二〇一六年領導人──總統的候選人，其先前提出的「一中同表」，也在黨內壓力和社會輿論追逼下，改口倡議「一中各表」，以維護中華民國的主權。由是種種獨立反統的表露，大陸乃斷然立法〈國安法〉明文要求島民有義務參與兩岸統一的重責大任。不但如此，並安排南京軍區五萬官兵能講閩南語者，參與巴士海峽二十萬三軍奪島實戰演習，國際媒體均認為是針對臺獨而做的必要準備。

（2015.7.29）

美式民主應已走到盡頭

當世界進入廿一世紀後，人類各種活動蓬勃發展，關係人類安危、福祉、戰爭與和平，惡鬥或互助的政治制度，已成為國際間積極檢討、驗證的項目，認為必須徹底改進，以適合一日千里的自然科學的進步，把現行歐美式鬥爭型、少數人壟斷式，只顧私利，如禽獸般弱肉強食，適者生存，低等動物掠食、排他，霸佔獨享的野性，進化提升到高等動物──「人」的境界。在人與人之間，社群、黨派以及國與國間，應皆以互助互愛為本，今後的人類應該群起剷除禽獸般殺戮掠奪，自私自利、張牙舞爪，失去「人性」的美式民主。讓地球上的人類，提升到古聖先賢倡導的自律、博愛，所謂老吾老以及人之老，幼吾幼以及人之幼，人溺己溺，人飢己飢的精神。做任何事，人與人之間的交往、社團間的活動、國與國間的外交協商，均必須守著己利利人、己達達人的公平正義為原則。這種理想，是多麼美滿幸福，人類活在此種和平的世界上，地球村就像個大桃花源似的，處處將是人間仙境。人類絕不可能永遠停留在衣冠禽獸般美式民主階段。

人類思想要揚棄美式民主枷鎖，始能遠離禽獸

　　當今超級強權美國，以民主自由平等為幌子，透過原始動物的野性，用詭詐陰狠手段、霸道獨尊的態度，在地球上用強大殺傷力武器橫行，任何事只講「美國利益」，別人的死活一概不管。

　　近年來西方學界深入研究中國之所以能夠快速崛起，且受到國際社會普遍接受與讚揚，皆願與其交往的原因。即在於中國發展出一套與現代科學進步足以並駕齊驅，使人的內涵亦不斷上升，具兼善天下的道德模式。一反美式民主愚昧愛鬥，去除畜性般殘忍對待同類的劣根性，將國家機器——政府塑造成服務功能特佳的群體，專心為人民排難解紛、創利除弊，爭取與安排幸福美滿的人生。這種以政治專業化及科學化的體制所運作的政治，是為專家政治，故能成為「大有為的政府」，絕不似美式民主，政府由少數財閥、嗜權份子壟斷，成為以「民主自由」包裝的假民主。美國大哲學家杭士基譏美國為「大流氓國家」，並指其向世界各國收保護費。不從則以武力相向。杭士基特別不滿臺灣政府唯美國的所作所為，馬首是瞻，很不客氣的指出臺灣是大流氓國家的幫兇。近年來各國學者在中國民主新制比較下，咸認為美式民主已經落伍，應向中式民主取經，今後人類世界才會和諧平順，中國先賢希望的大同世界始能實現。（2015.8.8）

臺灣要安全與發展就只有票投洪秀柱

大家一定覺得很奇怪，為什麼唯有讓洪秀柱做臺灣領導人，臺灣才能安穩，不但可以維持現狀，還將大發展，居民乃得安居樂業，甚至由「小確幸」變成「大確幸」？

原因很簡單，人們都知道兩岸局勢不斷在變化，祖國大陸快速崛起、強大，特別當雄才大略，任事「勇」健，不畏險阻、披荊斬棘、義無反顧、非達目的不可的習近平主政，立刻大刀闊斧肅貪，經濟轉型、升級，加強並擴大全球多層面的利益均沾布置，優化軍備，消除美帝惡意相向，以保護領土完整和經貿利益等。

習近平「反臺獨」必然劍及履及，絕不含糊

我們知道習近平上臺後，國內外事務繁忙，但由於他強調且暗示在他手上將完成的「中國夢」——國強民富，永遠消除列強侵擾欺凌。一般推斷他首先要收回長期被美帝控制利用，專門擔任美帝糾纏大陸的最理想有效的「芒刺」——臺灣，使「中國夢」的重要組成部分圓滿實現。

遠的不談，僅從李登輝到陳水扁主政時期，兩岸曾經

動盪，據報導，若二〇〇八年不是國民黨馬英九上臺，仍是民進黨當政，則大陸已有「一了百了」的決心，不但對岸南京軍區大部隊向福建結集，對面飛彈群也在配合準備行動。而當時我軍方已掌握此一情報，就在箭拔弩張，全島百姓尚懵然不知時，終因民進黨不得人心，而品格操守極佳的國民黨馬英九勝選，臺獨未續主政，無形中化解了差點爆發的危機，知曉內情者無不感到幸甚，國民黨當政，被稱「天佑臺灣」。

　　不過就在安逸了近八年後，臺灣又將面臨更大危機，能不能平安度過，就要看全島選民的智慧與造化，因為國際知名的日本「未來學」學者大前研一，不久前曾指今日的臺灣知識界，已進入「弱智」時期。眼前看不到目標，舉國上下似皆迷失方向，只一個勁跟著民進黨往絕路上走、向火坑裡跳，一旦真的主政，勢必造成小島「地動山搖」，可怕到何等程度，實難以想像。試想八仙樂園爆炸案傷亡不過數百人，已亂了全島醫療。如發生戰爭還得了，傷亡何止成千上萬，假如此事成真，帶大家往墳墓鑽的臺獨份子一定早一步逃之夭夭了，對廣大民眾死活有一點關心，就該棄臺獨。

　　島上少數具真知灼見者指出，引致毀滅性的事不能試。目前看來兩岸能夠維持現狀、即使不得不統一的情況出現，也會以和平善了，明眼人應知敢大張旗鼓反臺獨的洪秀柱，才是臺灣的「救世主」，也是大陸唯一稱許的臺灣總統候選人，可以交流溝通的領導人，兩岸和平賴以寄託者，臺灣選民要為自己安危作冷靜辨別。（2015.8.28）

欣見祖國大閱兵有感

　　為了完整目睹「九三大閱兵」，我趕在前兩天到大陸，看到了二十一世紀震撼全球的鐵拳部隊、威武之師。其武器的精良、先進，官兵訓練素質之高，無不令人驚嘆動容。心想以如此強大的現代化武力保家衛國，我們國家再也不會遭受列強欺凌、人民被侵略者任意宰殺蹂躪、財產被掠奪一空了，而那般國破家亡慘痛的日子，也將永成難忘的血淚史。

中國的崛起是全面性的　軍事強大是發展的保障

　　據觀察此次大閱兵的軍事專家們指出，目前中國的武器，有很多超乎一般想像。據他們了解，儘管在閱兵中展示的一切已足夠威懾四海，但還有不少最新研發成功的特殊武器並未推出示人。

　　本來中國人自古就有「利器」不輕易示人的理論，古兵法亦作此主張，所謂深藏不露，目的在令敵人摸不清楚，誤判形勢，對我輕視而盲動，我乃能一擊而中，是敗敵上策。唯當今的上策，在不戰而屈人之兵，故面對列

強，為求和平，不得不適當展示武力，目的在告訴那些對
我國虎視眈眈、不懷好意的帝國主義國家，不可誤判形
勢、貿然動手。否則將付出慘痛代價，這次祖國大閱兵用
意即在於此。

　　國家主席習近平在閱兵時，向世界宣告中國是最講和
平的民族，無論發展到哪一地步，將永不會稱霸，不搞擴
張，永不會把自身曾經遭遇過列強壓迫的悲慘景況，強加
給任何民族。從習近平的宣示，我們感受到中華民族的偉
大，絕非一時稱霸內涵十分膚淺、幼稚的美國可比。
（2015.10.15）

習近平倡導儒家思想將使
人類脫離獸性

　　由於我國儒家哲學是做「人」的根本，因此在掌握住現代科技之後，必須活得自在、活得有意義。於是我國堪稱人類珍寶的文化精華「國學」，就到了宏揚推行的時候了。

　　我們欣見祖國大陸已將國學編入中小學教材，且經典比重佔五成，這種見識和措施，真令人敬佩。

　　中華文化主流儒家哲學（以四書五經為主），是教化人類脫離禽獸，成為真正高等動物，從心所欲、充溢仁愛互助；和諧、互利，進入「人」的真善美的群體（社會）。

　　今日世界儘管科技發達，唯人的內涵遠遠落後，可說是停留在衣冠禽獸階段，本質未能與飛躍精進的科學相配合並進。大國仍夾在強大的科技，橫行霸道、弱肉強食，和影片中的「動物世界」殺戮不休同樣原始、可怖。

　　回憶我國遭受八國聯軍及日人入侵後，愛國志士自「五四」運動和新中國建政後，曾為了迎頭趕上「船堅砲利」、保家衛國的科技，曾不斷有人主張「全盤西化」，和

「廢孔揚秦」、「打倒孔家店」等心急的表現，希望脫離「人善有人欺」、「好人難做」的國際現實，其實這些都只是階段性，應急的思維，均屬愛國心理，不該多所批評。

果然當我國迅速掌握先進科技的今天，立刻回到古聖先賢的期望，把人提升到異於畜牲的境界，教導國民從修身做起，要使全國國民都向崇高的道德典範努力，進而影響世界。更要改變資本主義唯利是圖，造成人與人之間利字當頭，而不惜血腥鬥爭，不知人間還有老吾老以及人之老等仁愛精神的存在。要讓只知人為財死的美帝，自覺慚愧，或可感染其向善之心。（2015.10.29）

對黨紀越嚴格，越落實服務
人民的真誠

　　領政的中國共產黨，在十八屆五中全會前，公布了該黨新修訂的「中國共產黨紀律處分條例」，共有一萬七千字，被譽為古今中外最嚴的黨紀。

　　按中國共產黨建黨以來，就與孫中山創立的國民黨目標一致，皆努力於救國救民，要建立富強康樂的國家，一切為人民著想，內除奸妄，外抗強權，讓我國民均享有安和樂利、昂首於世的生活。

　　祖國大陸自改革開放後，舉國上下一致奮發圖強，朝向超英趕美的目標前進，於是快速崛起，百行百業齊頭並進，一日千里。在各類事業上更是財源滾滾，成為世界上數一數二的龐大經濟體。

　　然而當全世界都震驚於中國正逐步強大時，卻發現執政的黨員幹部腐敗現象日漸嚴重，部分幹部已偏離為國為民、崇高的理想和無私的精神。

習近平及時校正黨紀　為我中華萬世開太平

綜觀此項修訂的黨紀條例，主要內容是：要與時俱進、完善黨內法規、切實解決管黨治黨中存在的突出問題，堅定不移推進全面從嚴治黨，不准拉幫結派，紀律與法律分開，紀在法前，紀嚴於法，必須嚴格按照準則和條例辦事，把黨規黨紀刻印在全體黨員心上。

目前祖國執政的共產黨，已被歐美等假民主國家另眼相看，其有識之士們指為是走在時代前端的政治制度，是各國永續發展的典範。如今再把普遍流行在世界各國朝野除之不去的前述弊病剷除滅絕，則中國主政的黨員幹部定將傲視各國，並受全體國民愛戴與敬重，我國自古重視的「光宗耀祖」都當之無愧了。（2015.10.29）

大陸終於要調查「國臺辦」了

　　近年來臺灣的愛國人士皆認為，島內分離勢力日益普遍，北京高層卻似乎看不見。我們很納悶，這些經常到臺灣到處遊走的「國臺辦」們，面臨到國民黨的「獨臺」、民進黨的「臺獨」，以及對祖國揚言：臺灣前途必須由兩千三百萬人決定，不把十三、四億同胞的意志看在眼裡，一中各表，表成了兩國，並長期宣傳臺灣已是主權獨立的國家，且各種媒體不斷顯示，以及中小學教科書強調的，均在徹底「反中」，甚至引申到「統一」是「併吞」，「臺灣要強軍」等等，而醜化大陸更不遺餘力。

　　此間愛國人士常對大陸擔任溝通促統的「國臺辦」不滿，懷疑他們到島上可能有吃、有喝、有拿、有玩，所以就一時將民族復興、國家統一這天大的要事給忘了，只知在「快樂」面前向各種分裂言論與「反中」勢力低頭，我們在看不起這批人的閒談之中，認為最不願統一的可能便是這些不盡忠職守，延誤國家大事的人。

太陽花學運讓大陸當局發現國臺辦失職

十月廿三日，從媒體上看見中紀委反腐行動指向「國臺辦」，雖然嫌太遲了，但時機卻相當有利。祖國大陸今日在政、經、外交、文化、軍事等方面，以及在處理臺灣早日回歸等問題上，應可輕易排除任何國際上不合理的因素，剷除臺獨毒瘤，定屬易如反掌。

我們認為由於臺灣島地理位置的重要，在美帝及日本利用臺島糾纏大陸，大陸要想一勞永逸加以解套，只有早日收回臺灣才行。（2015.10.25）

卸任前自救救島應是馬英九
迫在眉睫的大事

　　目前臺灣賴以生存發展的命脈——經濟，正迅速下滑，各政黨捉對兒惡鬥，物價失控，薪水階級長期停滯，廣大人民生活困苦，失業居高難下，大家似看不到未來。社會出現亂象，刑案與暴力增多。凡此種種，乃引起一般民眾對馬英九主政七年來未能實現競選諾言感到不滿，認為那皆屬於美麗的謊言。

　　在明年「五二〇」離職前，我們認為馬英九如能振作，仍可力挽狂瀾，扭轉國民黨頹勢，解救島內經濟困境，讓廣大人民立即「有感」，必然能給個人獲得歷史定位，名留青史，可謂一舉數得。

　　我國自古就有治國不張，引起人民百姓不滿，國君立刻下詔罪己，承認錯誤深刻反省改過，以平息民怨的明智德政，值得參考。

　　島內有識之士認為，面對島內民怨，不但針對馬英九，且波及國民黨，特別在大選之際，更如火上澆油，其不利影響實難估計。

　　因此馬英九不妨「宣布罪己」，自然人民將同情其不

斷遭政敵與在野黨掣肘，致無法通過許多振興經濟的大案，以及在施政上無理糾纏，終造成綁手綁腳，好事難成的情況。

如今時間緊迫，情況惡劣，最好鼓起勇氣，奮力一搏。首先於「罪己」之後，搶先進行特赦，對調查屬實，真心悔改的受刑人，依法斟酌特赦、減輕或釋放。其次研究全面減稅半年，含股市、企業（減稅後員工加薪），透過法學專家擬定恢復憲政規範的內閣制，削減總統任意擴權。

此外，為了金、馬地區及大陸地區與本島交通便利，亦可單方面宣布取消海峽中線，以展示尊嚴。以上淺見，敢供馬英九參考。（2015.11.1）

中國的民主才是對人民最有利的制度

　　生活在臺灣的人，常炫耀「民主」，並認為中國大陸是專制，不民主。但是當我們深入研究兩岸制度後，發現臺灣的民主制是多黨相互鬥爭式的，整個政府皆由黨派和財團所操縱把持，選民只是被左右、耍弄的工具。

　　因此選出的領導人和民意代表等，都以各自黨派利益優先，從不把廣大人民的利益放在眼裡，人民選出的官員或民意代表，常把競選諾言忘得一乾二淨。

　　臺灣現行的「民主」最大缺點，是選不出真正具雄才大略的政治家。當選的領導人均屬花言巧語、八面玲瓏的小政客，抓不住正確方向。而選民知識高低不同，黨派各異，且在百行百業工作，整日為生活奔波，根本不能辨別哪個候選人最適合擔當重任。因此才會選出整垮國民黨、提出兩國論的李登輝，及兩岸麻煩製造者外加大貪污的陳水扁，隨後又選出軟弱無能、不知培養後繼的才學之士的馬英九，以致造成執政黨難以延續的困境。

　　觀臺灣各黨派把持政權無休止的惡鬥，就是最令人詬病的「民主」，大陸有學者竟視為「民主典範」加以推

崇，不是存心不良，就是瞪著眼睛說瞎話，顯得太無知。

　　而大陸是行「民主集中制」，往往政府措施，由基層民眾共同討論至國務院斟酌定案，於是再也不准有異議雜音，於是上下一心全力執行。這種「新民主主義」適合國情。

　　此外，大陸的各層官員（公僕），均由最基層幹起，培養政治專業，擔任各部門管理人才，成為「精英主政」，乃有江、胡、習諸領導出現，短時間內，竟能突破國內外層層險阻，把國家帶向富強，且受到國際普遍尊重，誠非偶然。（2015.12）

「慰安婦」與「軍中樂園」和「公娼」等皆屬禽獸行為

目前日本與南韓就糾葛不休的「慰安婦」問題，在美國另有所圖情形下，促使日本向南韓道歉和賠償。美國想的是日韓和好，自然能拉開韓國親中的距離，同時製造對中國不公平對待的「損中」事實，以挑起中、日、韓心中的猜忌與矛盾，美國分化的目的便達到了，以利重返亞洲。

在此我們先不談「道歉、倍償」等問題，要談的是人性、人權與道德問題。

目前已進入二十一世紀，各類科技飛躍發展，人類文明表現的最大成就，首先應屬超越一切科學技術的「人性」。

所謂「人性」，主要是與異於禽獸的「獸性」而言。人與人之間爭權奪利，爾虞我詐，進而陰狠殘殺等，皆是畜牲行為。

身為高等動物的「人」，應該互助互愛，扶助弱小，遠離獸性。當我們了解什麼是「人」，什麼是「禽獸」之後，則「慰安婦」、「公娼」、「軍中樂園」等皆屬違反「人

道」的畜牲行為。首先談「慰安婦」的說法，就是自認不是人，日本侵略者均是一群野獸，故對被侵略國家內的婦女也不當人看，任意姦淫殘殺。

此外，再看所謂自由民主社會，如歐美與臺灣，竟有違反人道的合法賣淫出現，且稱弱勢女性均為「自願」，故可公然供人踐蹋。這情形即使真的自願，正常國家也該加以教化阻止，這是每個社會、國家或團體應負的文明責任。否則科技再怎麼發達，也只是讓人與人之間拚鬥的方法變得更加千奇百怪，殘殺得更加厲害，武器發展與創新，足以毀滅地球，難道這才是「人類」追求的目標嗎？（2015.12.31）

大陸在外界不斷唱衰中
飛躍前進

　　中國大陸自改革開放迄今，儘管多麼努力奮鬥，全面發展，可謂在各方面均有日新月異的驚人進步，然而國際間看不慣中國的崛起，甚至在無能阻止情況下，竟欲明的與暗的設法擾亂打擊，特別是透過各類媒體加以唱衰。

　　這種逢中必宣傳危機，或大肆報導大陸問題太多、面臨嚴重困境難望解決等等的報導不勝枚舉。但這些唱衰聲音尚未落幕，大陸已輕易化解外界指為難題的問題為更上一層樓的助力。往往因此令最嫉妒中國超速邁進的美國，和心理不正常的臺灣，顯得大失所望，好像非要看到大陸崩潰、垮掉才高興。

　　其實凡外界唱衰大陸，主要是並不了解大陸，尤其美國和近在咫尺的臺灣，對大陸完全知道的人太少，而媒體與學者專家，對大陸卻像弱智者，歪曲成見和只憑有限的專業知識，無法洞悉大陸領袖人物皆學貫中西，和深厚的五千年文化的睿智底蘊，加上施政者多年從基層進入高層的領導，學養豐富以外，實際執行經驗，堪稱千錘百鍊，一般外界認為任何嚴重問題，在大陸領導們眼裡，不但不

是問題，甚至還是求之不得，對更大發展的機遇與反弊為利的槓桿，外加人才濟濟，難題均有解。

這情形最顯著的例子，就是去年（2015）夏季，大陸突然大幅鬆綁人民幣匯率，引發重貶，一時令國際震撼，而美國和臺灣大肆宣揚，咸以幸災樂禍心理等待大陸金融崩壞。想不到未幾國際貨幣基金（IMF）宣布人民幣納入特別提款權（SDR）貨幣籃子，讓人民幣與美元、歐元、英鎊、日元並列，展現了中國崛起的金融與經濟實力。原來大貶正是更強的前奏，這宛如運動員蹲下是準備躍起的時機。此種讓外界愛對中國任何事都唱衰的美、臺媒體經常失望。判斷錯誤。（2016.1.5）

《毛主席語錄》說些什麼？

由於十二月二十五日英國工黨影子財政大臣麥克唐納，在下議會質詢時，特別秀出《毛主席語錄》的紅色小冊子，並引述其中一段話，頓時成為世界各國媒體爭相議論的話題。沒看過的人皆想知道內容到底說的是什麼？

《毛主席語錄》一般簡稱《毛語錄》。據此次各大媒體的報導，只提到世界各國領袖人物無不閱讀，且加以推崇，例如已故的委內瑞拉總統查韋斯，對《毛語錄》能倒背如流，而智利前總統阿連德則推行全國學習毛澤東著作，其實除臺灣外，應已風靡全球。

目前《毛語錄》有幾十種語言，在世界各國廣為發行，至二十世紀末，已超過五十億冊，其驚人的發行量實可與西方《聖經》比美。

按《毛語錄》是一九五九年，當時國防部長林彪把領袖救國救民指點江山的談話和文章，編纂精簡成冊，便於理解記憶，進而學習與遵循，以便達到民富國強的目的。

這本小冊子內容豐富，是中國共產黨的靈魂，國家發展的指導原則，今天習近平打貪救黨救國亦不出毛澤東思想。

看《毛語錄》，會被他無私的愛國情操所深深感動、新中國肇造，他想從政治、文化、教育、科技等各方面的改進，謀求復興中華，抗拒列強欺凌，並打倒與剷除國內一切防礙發展的毒瘤（指反動派），以摸著石頭過河的方式，帶領全民前進。他不怕犯錯，有錯必改。

用適合我國情的新民主方式服務人民

《毛語錄》要教導「六億神州皆舜堯」（按當時中國人口約六億）美好的「中國夢」。今日習近平的強大「中國夢」，正是毛澤東思想和理想的繼承者，我們渴望他也是完成者。

從《毛語錄》中，可歸納出民本主張，建立人民當家做主的新中國，政府只是為人民服務的。透過政府努力，建立工業強大、農業發展、科技發達、教育普及、強大的國防軍事力量、保障人民生活安和樂利，國內人人平等，特別指出執政黨必須政治清明、廉潔高效，永遠保持為人民服務的本色。

《毛語錄》教導人們如何一步步克服任何困難的訣竅，因此不但對共產黨人及人民有教導作用，對世界人類皆有良性影響，世界各國爭相發行，閱讀者如此之眾，其功能和綻發出浩大的力量絕非偶然。由於篇幅有限，只加以簡略介紹於此。（2015.12.5）

兩岸交流數十年，
何以統一默？

　　二○一六臺灣領導人及中央民意代表選舉，一月十六日開票結果民進黨大勝，曾為李登輝撰寫「兩國論」的蔡英文高票當選總統，國會部分也獲多數勝，成為民進黨完全執政情況。

　　凡中國人都應知道，中華民族復興，完成民富國強，不被列強欺凌的建設大好河山的「中國夢」，最重要的大事，就是大陸和臺灣的統一，這可立刻化解和消除美帝對中國無故糾纏，並聯合日本協助臺灣往分裂對抗祖國的路上走。此番臺灣「大選」，將給大陸國臺辦人員當頭棒喝。因為國臺辦自大陸改革開放，辜汪會談後，兩方達成的「九二共識」就造成了大模糊，而國臺辦不知何故，卻從不計較「一中各表」，等於默認「兩個中國」，既然「各表」可以雙方承認，自然兩岸是「中華人民共和國」與臺灣的「中華民國」了。無形中成為雙方協商人員一起混的依據。

　　由於臺灣和國臺辦接觸，在臺灣所有媒體上，皆未忽略「一中各表」，而不斷到臺灣進行協商的國臺辦，總似

在島內吃喝玩樂忘了「一中原則」，好像並不重視「一邊
一國」問題。尤其對馬英九領導下的國民黨，不但大量買
武器抗統，甚至在訪問日本時曾希望日本也來個「與臺灣
關係法」以加強支持與保護臺灣永不統一。這些另類舉
措，已被臺灣愛國統派人士直指國民黨為隱性「獨臺」，
往來於兩岸的國臺辦人員從不計較「一中各表」，島內居
民普遍把大陸當成鄰國，來臺交換的陸生反應亦如此，毫
不知國家統一對兩岸人民福祉多重要。今天島內顯性臺獨
大勝，國民黨的隱性臺獨慘敗，大陸「和平統一」、「寄希
望於臺灣人民」的冬烘想法，必然嚴重延誤國家正常發展
的大事偉業。（2016.1.17）

大陸對臺獨的警告有震撼細節

就在臺灣大選，主張臺灣獨立的蔡英文民調最高之際，祖國大陸繼去年習近平一再呼籲民進黨應承認「九二共識」，並認同一中，絕非國與國關係。否則將面臨「地動山搖」、「驚濤駭浪」、「導致翻船」等後果。

不過這一連串警告，正如當年毛澤東打韓戰前夕般，雖一再向美帝提出警告，全世界卻皆不相信。

目前據大陸權威智庫的消息，大陸當局認為過去數十年極盡讓利，牽就懷柔，總視島民為同胞，盼早日回到祖國，完成一家親，共同為建設祖國貢獻心力。唯萬想不到臺灣朝野不知清末民初國家遭受到列強欺凌的慘痛歷史，竟妄顧民族團結愛國家的大是大非，以致臺獨分裂勢力猖狂，顯然證實長期和好想法宣告失敗，一旦臺獨人士當選臺灣領導人，則「寄希望於臺灣人民」也告完全落空。因此大陸將採取全面封鎖的同時，有幾種對臺的應變措施：

（一）依「反國家分裂法」，強力介入臺島，解散或改編島上武裝力量，由進駐的武裝人員搜捕所有為首的臺獨及反華份子嚴辦。

（二）對不願做中國人者一律限期離島，解放軍擔負

國土保衛任務，外交由國務院統一辦理，並行「一國一制」，對居民身家財產加以保護。

（三）凡愛國認同統一強國者，實施臺人治臺依「一國兩制」設想，然原擬臺灣軍事問題，亦因嚴防臺獨而必須解散，由大陸各軍種進駐，亦有利於南海疆域（領海），和東海釣魚臺島群的安全維護，更可因收回寶島，自然互解美帝利用臺灣對中國搞蛋不休的問題，尤可使習近平心中時刻不忘追求的偉大「中國夢」提早完成。我們認為，投票前夕，願選民三思之。（2016.1.2）

習近平要求媒體「姓黨」，
因為黨是專為人民服務而存在的

　　中共總書記習近平，在國內問題不斷、外部擾亂糾纏鬥爭激烈時，必須與全國同胞和海外僑胞團結一致共抗強權，故除搞好經濟，更消除貪污，大力建設，讓廣大人民皆享有富裕安樂的生活，有效抵抗外來侵略。除提升軍事力量以保家衛土外，也一定要全體媒體站在努力維護國家利益的立場。又以政治專業制度，以跳躍式驚人速度趨於民富國強，進而惠及其他國家。如今習近平面對以美帝為首，打著民主招牌向我國進行搗亂的分子，曾透過他們的媒體進襲，希望引導中國青年和頭腦不清的知識份子，如方勵之、劉賓雁、劉曉波等等，以及學運份子，起而胡攪蠻纏，影響國內團結，造成國家大政方針遭到阻滯，更立即使人民的利益受到損害。

　　近日當習近平認為媒體應為黨效力時，其時等於為人民服務。至於得國家施政之利而致富的地產商任志強，指媒體不應為黨服務，該為人民服務。足見此高人超出本分，任意干涉到專業治國的政治領域，竟連共產黨的存在，只有一個理由就是為民服務而不知。有世界上獨一無二、用

政治精英等專業能力治國，才有今天民富國強、人民安居樂業，不久的將來，全國將達小康水準，這不僅是對人民服務的最佳貢獻，同時行有餘力，還能照顧與援助世界上弱小國家。特別要透過媒體，把中華民族優秀、以人為本的高尚文化，盡力傳播到世界各角落，藉以變化人類氣質，減少敵視增多互助，使美帝領導的霸權國際逐漸走向和平，不齒於殺戮欺壓弱肉強食。凡此種種「治國平天下」，不但服務國人更要奉獻人類，像這類政治方向和政治家的胸懷深度，豈是普通人所能了解。目前大陸已走上政治專業時代，一般人應不再外行談論內行才是。

（2016.2.26）

大陸規劃北京至臺北建高鐵，是兩岸一家具體表現

　　大陸國務院三月五日公布「十三五規劃」綱要草案，在完善高鐵網部分（三萬公里以上），其中包括北京至臺北在內。

　　這一重大規劃決定，不得不令人聯想到兩岸統一的時間表，必然在執行此重大決策之前，否則就如臺灣陸委會立即的反應是：「不是大陸說了算」的反中表現。

　　試看大陸此一最大對臺有利，關係到民生經濟，對臺灣子孫後代發展有長遠無限好處，也是兩岸一家親，共為我中華民族偉大復興增添動力。臺灣任何黨派，以及全體人民面對如此大利多，沒有不歡天喜地迅速接受，並盡力配合的理由。否則就是分裂、敵對思想。此規劃正好可以正確測驗出臺灣是否願意真心和解，而接受「兩岸一家親，骨肉兄弟」那麼美好願景。假如連這種為臺灣永續發展的「牛肉」，都拒絕不要，顯然暴露出「反中」的真實面，另方面島內主政操權者不把子孫後代，和眼前青年前途加以重視。所謂「維持現狀」，骨子裡依然認為兩岸屬於兩國。因此北京到臺北高鐵規劃，正像一面照妖鏡，立

兩岸統一是中國全面復興的關鍵部分

　　近年來兩岸多方面交流，看似「一家親」的當口，就在大陸感覺最重要的「統一」問題將如香港、澳門般迎刃而解，馬英九任內也必能達成政治和平共識，而簽下為兩岸統一鋪路的偉大協議，促成關係民族大義，為積極追求國家富強，突破與消除美國等嫉妒中國崛起而不斷橫加阻礙，利用臺灣透過各種計謀，進一步可在馬英九任期前後，或新領導人上任後，兩岸即可進入安排統一，完成兩岸一國的偉大歷史性任務，成為中華民族青史中永被歌頌樂道的篇章時。不料事與願違，臺灣拒統反中去中國化，由「改造基因」方式，培養出「天然獨」，進而造成了遍地開花的「心靈獨」，成功的形成「逢中必反」的「反射動作」獨。這種不動聲色，主導設計安排，在表面與對岸打得火熱，背地裡卻以地毯式做抗統獨立的「百年大計」，此種謀略，無疑的瞞過對岸經常到臺灣走透透，並深入民間社會，感覺寶島什麼都好的國臺辦諸公，豈非「棋高一著」。

　　其實今天落到這種兩岸問題不容再施，必須早日處理

不可的「怪局」，國臺辦應負極大責任。否則不會遍地是
臺獨。

　　既然兩岸一切交流都是為求統一，那麼這麼多年下
來，雙方從來無人談到統一，甚至兩岸成千上萬人在往來
中，不僅不談統一，反而避談統一，似乎「統一」有罪，
自然放任分裂勢力大肆蔓延，美、日等國藉機插手暗助，
在反中謀獨方面更以物資與武器等支持，加強與鞏固抗統
趨獨的實踐信心。大陸目前仍弄不清楚的是，「維持現
狀」就是「兩國論」、「一邊一國」的實踐，是「反中」國
家和臺獨與被稱為「獨臺」的國民黨所最期待的措施。因
此我們希望大陸與臺灣交流、協商，應以「統一」為前
提，才是統一能完成的關鍵。（2016.3.10）

兩岸對國家前途最新民調，
八成臺灣人認非中國人

　　綠營新臺灣國策基金會，廿六日公布民調，百分之五十二點三的人不同意以「九二共識」作為兩岸交流基礎。百分之六十二點一的民眾不接受蔡英文被迫以「九二共識」為兩岸互動為前提。國族認同部分，有百分之八十四的人認為自己是臺灣人，只有百分之六點九的人認為自己是中國人。換言之，凡不承認是中國人，就是臺獨思想，大陸方面無論給予再好再多的利益，絕不會轉變其獨立的想法，照此趨勢，今後只有越為普遍，甚至結合外國勢力，及不畏戰的搞分裂。兩岸越交流，臺獨意識越普遍，且紮根越牢，主要已從教育（教材等）基本上培養成功，多年來國臺辦和大陸學者大而化之，只看表面，卻未從最根處防止臺獨，浮面的以交流熱絡為滿足。這些年臺灣人幾乎都成臺獨，不認自己是中國人，與美、日抱在一起了，國臺辦和北京、上海、廈門的智庫還在幻想臺灣人是同胞，是一國的家人。此民調等於打臉臺辦等人。

（2016.4.28）

臺灣專事電信詐騙者，
年削大陸臺幣五百多億元

　　近日一夥透過電信詐騙的臺灣人，在肯亞遭破獲後，數十人均被大陸引渡至北京審問。對於此事，臺灣方面表示不滿，馬英九並交代相關機構派人儘速把人接回來。

　　不過凡知道實情的人，或曾被詐騙過的臺灣人，無不產生同情哪些受騙的大陸人，而認為這些敗類必須嚴懲。

　　按大陸國臺辦向媒體公布，這幾年每年從大陸百姓身上詐騙的人民幣都在一百億元以上，受害人皆為善良百姓，曾有一位婦人丈夫因公死亡，撫卹金被騙光而跳樓自殺。另一農民畢生勞苦積蓄遭騙光，竟在銀行前自殺身亡，其他如看病救命錢、子女準備上學的錢等等，凡是被騙走的，便再也追不回來了。據國臺辦稱多年來各地人民受害情形慘重，唯截獲追回的只有一次人民幣二十萬元。由於這些騙徒每在境外作案，一旦被抓放回臺灣，很快就會釋放，他們又到海外作案，因為看準大陸百姓老實好欺，乃大肆詐騙，得手十分容易，故不得不讓他們至大陸審判。（2016.4.25）

「520」前美國官員三批訪兩岸後，卻做了個春秋大夢

　　臺獨領導人蔡英文主政臺灣在即，美國研判她很難接受「九二共識」、「一個中國原則」。為了美國利益，兩岸必須維持現狀，乃動員高官智庫分三批到訪兩岸，並特別與蔡英文一再秘商。結果被美媒揭露，竟然異想天開，希望臺灣「芬蘭化」，希望中國放棄對臺領土要求，並讓大陸有限度駐軍，類似另一種形式的聯邦，臺灣則維持實際的獨立，獲得領土主權。對於美國此種自以為得計的設想，大陸認為太天真而不可思議，難以想像，尤其美智庫指出接受此安排，中國就意謂重返世界大國之林。更是荒唐透頂。

　　大陸日前直接告訴美國，臺灣之統一攸關共產黨的合法性，是十幾億同胞的期待，和結束世紀屈辱的指標。因此只要是中國人，都會覺得美國人無恥而幼稚，才會昏了頭想出替蔡英文解套的餿主意，簡直把中國政府官員當傻子看。（2016.4.19）

大陸《環球時報》針對臺灣問題，民調認須武統者佔 85%

　　由於大陸「自然統」和臺灣「自然獨」，各佔人口比例皆為大多數，照臺灣實況，和平統一應屬天方夜譚，這情形宛如美國南北戰爭之前，說什麼無法使南方願意統一。

　　因此，大陸官媒《環球時報》日前針對兩岸問題作了一項民調，發現贊成武統的有百分之八十五，認為臺灣是中國不可分割的一部分者佔百分之九十七。唯兩岸學者皆覺得應以蒼生為念，反對兩岸兵戎相見。然而真正了解臺灣內情的愛國人士卻認為，要以蒼生為重只有一個辦法，就是放縱讓臺灣獨立，再不然大陸向美、日投降，讓臺灣照美國安排永遠成為中立島。否則現階段維護蒼生，等到臺灣挾洋自重走實質獨立的路，威脅到大陸十幾億同胞安全，和破壞國家發展時，便非犧牲少數蒼生可以了結。兩岸學究式的智庫學者，多年參與兩岸事務，竟加快臺獨勢力坐大，還要顧蒼生不顧領土主權，可以嗎？（2016.4.29）

政治人物是專業，絕不可普選

現在我們生活在一切必須尊重專業，聽從專業的時代，所謂普選，就是胡鬧、亂來。試問醫生可以用票選出來嗎？工程師能隨選外行人擔任嗎？以此類推。因術業有專工，隔行如隔山。而政治按孫中山先生畢生研究認為是「管理眾人之事」，它是最複雜的科學專業。當今世界合乎政治專業的國家只有中國大陸。其政府各級領導，皆由黨組織層層評選、推舉，再不斷培訓，經黨校作政治專業在職教育，並鼓勵吸收廣博知識，達到博古通今，了解包羅萬象的知識，加上千錘百鍊的管理經驗，善於組織各類專業人才，共同為富民強國全力以赴，故能以政治專業人才治國，迅速崛起，已成坐二望一的經濟體及軍事強國。反觀臺灣自蔣經國後政治人物普選，李、陳、馬、蔡均非政治專業，島內亂象人民目睹，宛如盲人瞎馬，是外行人票選外行人。大陸則屬「政治專業人評選推舉專業精英」，臺灣惡果歐美等國亦復如此，皆為外行選外行，乃有《民主在退潮》一書之問世，並讚中國政治最為典範。

（2017.5.31）

臺灣的國家型態是永難
統一的主因

　　自改革開放以來，兩岸開始交流，至二〇〇八年馬英九當選總統後，兩岸更擴大交流，大陸還無私的全面讓利，強調兩岸一家親等，以為兩岸統一可在水乳交融下水到渠成。然而馬英九主政八年，兩岸大交流結果，兩岸距離越拉越遠。大陸智庫學者挖空心思研究，只看見兩岸無法統一的現象，卻找不到原因。於是加碼讓利、優惠臺商、照顧青年，各種熱鬧好玩的營區交流等花樣百出，最近又有「一代一線」取代「三中一青」專門針對國民黨施政縣市大肆讓利等。其實臺灣沒有純藍，反對統一皆屬一致。真正反中反統的關鍵是，「臺灣是個國家，名字叫中華民國」，故臺灣有總統，是五臟俱全的小國。因此被臺灣人民視為外國的大陸，讓利、加惠等多多益善，反正最終臺灣人仍是打著青天白日旗幟的「中華民國」國民。這才是兩岸無法統一的原因。（2017.5.28）

印度與日本均為
心胸狹窄的小國

　　印度原為世界四大文明古國之一，土地兩百九十八平方公里，如今人口卻超過十二億。印度本應是酷愛和平、人口多、土地小的國家。在他脫離殖民地枷鎖後，其領導人尼赫魯自大狂妄，竟以「前進計畫」欲侵佔中國土地，一九六二年十月十日印軍進犯中國邊境，發動攻擊，被中國解放軍一舉擊潰俘獲印軍一個師及所有武器，後經談判乃告發還。不過這個手下敗將，和美（韓、越戰敗於中國軍）、日（敗於十四年抗戰）敗將，同樣不知檢討，且總對中國嫉妒，早已失去文明古國的風度，鼠肚雞腸，在這次北京「一帶一路」大會，全球重要國家在利益共享、和平互助攜手下，作利己利人，世界一家親的好事，而印度領導人莫迪心胸狹窄，不願參與。背地裡還與日本籌建「亞非走廊」，並仿照中國「一帶一路」，印、日合作修建基礎建設、並推動亞非中東貿易。我們雖看不起這類國家，仍祝願其成。然而最令人不齒的，還是臺灣媒體總大捧印、日以貶抑大陸。（2017.5.27）

大陸應知萬安演習是
視誰為敵國

　　日前一位就讀某大學的「陸生」余筱靜，寫了篇文章，值得大陸學者智庫注意。文中述說她於五月十八日下午遇到全島實施的「萬安演習」，假想敵竟是想盡辦法讓利、希望兩岸一家親、完成和平統一的大陸，針對的就是解放軍。這項演習據臺灣室友同窗告訴她，臺灣外在無敵國，唯一敵國即中國大陸，中華民國為了防備解放軍一旦打來，必須事先有所準備，萬安演習作用即在此。這位陸生了解何謂萬安演習後，覺得有點違和感，心想原來臺灣一直把他們當作假想敵呢！該陸生仍納悶不解，為什麼全臺灣都一致把大陸當假想敵？這種親身經歷和感受的確令人受傷。既然此演習行之有年，馬政府時期亦不例外，可見島內上下對大陸敵意之深。然而大陸學者智庫只一廂情願的，凡事都往好的一面思考，盲目樂觀，尤對藍皮綠骨的國民黨抱希望，正與不知萬安演被視為假想敵，還覺得莫名其妙。此文正說明「中華民國」人民，一直把大陸當敵國。（2017.5.29）

大陸應將臺灣頂著「中華民國」的殼徹底摘除始利統一

　　最近兩岸之間發生許多事，大陸方面想盡辦法拉攏臺灣民心，而臺灣政治人物卻老神在在、心知肚明，無論對臺商或青年，早已打下臺灣人是「中華民國」國民，根深柢固的國民性。因此要用任何方法想改變一個人的國籍，是非常困難的。這也是兩岸交流數十年，臺灣人民竟多數抗拒統一的根本原因。這可從五月二十四日針對解放軍「侵臺」，臺灣「強大的國軍」實施大規模「漢光演習」、「淡水河火網殲敵（指解放軍）」看出端倪。同時，針對「中華人民共和國」的入侵，蔡英文親校澎湖前線三軍實彈上陣殲滅來犯的敵國解放軍。由此看來，只要「中華民國」存在一天，兩岸就是「一邊一國」，大陸不管如何讓利、拉攏等，欲使其改國籍非常困難。因此應儘速消除「中華民國」，使臺灣還原為省，則只有一個中國，才是兩岸不得不成一國的癥結所在。寄希望於「獨臺」的國民黨人更是幻想，他們是靠「中華民國」吃香喝辣的一群，對大陸僅用太極拳手法應付，目的就是要「中華民國」永遠存在。（2017.5.25）

大陸主打「一代一線」，
絕對要繞過吳敦義帶領的國民黨

目前在堅持和平統一情形下，面對頑固不願承認一個中國原則「九二共識」的蔡政府，大陸乃把對臺讓利，升級到普遍加惠於民間，著重在青年與基層，不再完全寄望於官方。尤其臺灣民間團體頗多，也是大陸將與之交流的對象。我們贊成大陸新的做法，可深入臺灣民間，使一般社會大眾因而拋棄兩蔣時代起，數十年妖魔化大陸主政者的成見與恐懼感。以展現崇尚和平、發揚中華文化、努力向上求國家富強，計及未來並要對人類有所貢獻的泱泱大國胸懷。達到深切改變過去不正確的印象，走上正確願意融和，自然成為「兩岸一家親」，至「骨肉兄弟」的真誠相融。不過我們要提醒大陸千萬不能讓吳敦義領導的國民黨插手兩岸事務，否則必落得「前功盡棄」，甚至發生反效果。此外拉攏與讓利，對臺應屬功效不大。臺商數十年無一對統一有貢獻，至於青年，如何把他們心中已視大陸為外國的思想改正過來才是關鍵，否則像臺商一樣，心還是在「臺灣國」中。（2017.5.24）

國民黨主席選舉結果顯示，「獨臺」派勝利

　　此次國民黨主席選舉共六人參選，真心期望兩岸統一的，只有洪秀柱而已。高票當選的吳敦義，是一年前糾結黨內反中、反統勢力，硬將主張「一中同表」、「反臺獨」的該黨總統候選人洪秀柱強力拉下來，造成臨陣換將，不惜選戰輸給臺獨黨，也不能讓傾中的洪秀柱繼續宣揚「一中同表」，導致民進黨大勝當政，明的暗的積極布署國土分裂工作。尤為可怕的是，多年來執政者已轉換人民思維，故多數人民只認為臺灣已是主權獨立的國家。所以無論臺商或臺青在大陸發展，內心卻把大陸當外國。這次吳敦義當選國民黨主席，其「堅決反獨」只是騙大陸的口號，因他不談如何反獨，空話一句。但其露出的狐狸尾巴就是強調「一中各表」兩國論的真心，加上馬英九用美帝代為設計的「不統、不獨、不武」騙了大陸八年，讓臺獨壯大。如今被島內統派人士指為獨臺的吳敦義當選黨主席，欲繼馬英九再加碼欺騙大陸，是島內有識統派人等擔憂的現象。（2017.5.21）

大陸如認為國民黨可取代
海陸兩會，正是獨派想要的

　　國民黨由藍皮綠骨的吳敦義當選主席後，大陸部分涉臺人士，竟不問青紅皂白，就認為「藍可取代海陸兩會」，如果此事成真，民進黨剛好可以透過理念相同、目標一致且被島內統派看不起的暗獨國民黨做幌子。其實馬英九甘做美日反中棋子，欺騙大陸八年。目前正當大陸展開遏制臺獨日漸緊縮時，如能利用較馬英九更油滑、能說會道，隱藏臺獨思想的吳敦義做兩岸溝通橋樑，則必然解除民進黨被大陸從各方面急凍之困。當然也對枯萎的窘況注入活水。儘管涉臺人士想法如此欠慎思明辨。但幸好我們看到習近平表露出對吳敦義的疑慮，在習的「法眼」下，吳敦義一向只談一中各表的詭計將被識破。故習近平在賀電中點出望吳敦義把握正確方向。島內統派人士早視他與民進黨是一丘之貉，因馬、吳之流談到統一問題時，永遠是「時機未成熟」，以拖待變，尋找獨立的時機。國臺辦應慎思之。（2017.5.22）

兩岸統一不應固定於某種方式

　　沒有人應該否定兩岸統一是大是大非、造福國民、增強民族自尊、壯大民族偉大復興的，否則就沒資格做中國人。因此既然凡是中國人，第一件大事就應追求統一。只要不願統一，或想盡辦法拖延者，便是心存異想，應視為非中國人。對這類人行口舌糾纏，或以婦人之仁對待，均屬不智而浪費時間。我國歷史上著名的十次「一統天下」，沒一次拖拖拉拉而致統一的。再看今日美國之強大，如果當初不是林肯有遠見進行急統之不由分說，雖產生局部人民傷亡，卻奠定現在超強的堅實根基。故偉大的領袖是看長遠發展的，絕不拘泥於苟且困擾，為國家未來能當機立斷，不懼犧牲，定出統一時間，反對不愛國或自私者，即必須強力使之就範，乃有南北統一，才有強大的美國。今天的中國大陸，統一條件優越，應效法林肯，統一是國家大利，不必等待的，至於統一方式，則將視臺灣反應而定。（2017.5.20）

凍獨不如棄獨

　　臺灣黨執政滿一年，艾普羅民調百分之六十三認為兩岸關係變壞。於是有媒體迅速舉辦「兩岸高峰論壇」，邀請兩岸學者專家共商打開僵局之道。其實今天的兩岸關係，是極不正常的形勢。大陸改革開放三十餘年，快速崛起，無論政治、經濟、軍事、科技、文化教育等無不飛躍進步，且對世界有所貢獻，成為世界困頓經濟振興的領頭羊，受到世人稱讚歡迎。然而國內情形，由於數十年國家無法統一，造成國際的笑話，大陸就是發展得再好、國家如何強盛，仍屬極不正常的國家。我們也覺得奇怪，藏獨、疆獨，大陸有辦法加以消除，絕不允許存在，卻對臺獨、獨臺的民進黨和藍皮綠骨的國民黨，竟無一針見血的處理辦法，總是拖拖拉拉數十年，不顧對兩岸人民的傷害。如今兩岸專家建議民進黨該「凍獨」，仍為欺騙、拖延分裂思維，故去獨、滅獨才是真心誠意走向統一。否則「凍獨」可隨時視環境有利時，即可迅速解凍，受騙的仍屬大陸。（2017.5.19）

大陸學者楊明杰終於看出臺灣分裂意識的固執

　　新接任大陸重要涉臺智庫、中國社科院臺研究所長楊明杰日前指出，蔡政府在尋找全球化中的負面影響，包括中美衝突或出現突發危機，則見機把效應放大利用，並從中尋找定位，以便成為美國大戰略中的籌碼，且這種冒險心理正與日俱增中。楊明杰並強調蔡英文心存僥倖，全力靠美、貼日、拉攏東協國家，而衷心追求的仍為獨立。可謂是繼余克禮後對臺灣政治人物能具體深入了解的學者。其實以國民黨為代表的馬英九、吳敦義等，亦不遑多讓，且更為深沉。以暗的兩國論的「一中各表」狡猾的否定「九二共識」，再以由美國智庫巧妙為馬政府設計的「不統、不獨、不武」，騙取大陸熱絡交流，大舉讓利，緩解島內經濟困境，其實國民黨其理念已與臺獨一致，故施政任由獨立思想紮根，又向國外購進大量武器以便對抗大陸，終促成臺獨黨全面執政，島上人民大多不認自己是中國人。我們擔心時日越久、和平統一越不可能，我們認為，普遍臺民要的，應是和平獨立。（2017.5.12）

臺灣只要有一線生機，
就絕不會放棄獨立企圖

　　由於北京即將召開「一帶一路國際高峰論壇」，北京人民大學國際事務研究所長王義桅，呼籲臺灣應拋棄政治偏見，改善兩岸困境，共創兩岸合作的商機。其實王義桅完全不了解臺灣內情。臺灣領政者和百姓反而是要求大陸放棄政治偏見，放開「九二共識」讓臺灣早日獨立。王義桅該知道近來臺灣不少青年到大陸工作、發展。但其內心卻把大陸視為外國。這可從他們在臺灣發表的文章窺知梗概。就以大陸認為「政治正確」的國民黨，在此次黨主席選舉中，六位競選人無一人提及統一，而呼聲最高的吳敦義，竟是「一中各表」強烈主張者。所謂「一中各表」，實為變相兩國論。即大陸是「中華人民共和國」，臺灣是與大陸不相關，主權獨立的「中華民國」。大陸應知道在分裂意識上，國民黨和民進黨是一致的，並影響著多數人民。故大陸給臺灣任何好處，只能加強其獨立意志。這個實情大陸迄今仍未搞清楚。（2017.5.8）

美國是為了私利
無所不用其極的國家

　　日前媒體報導，由於面對難纏的北韓領導人金正恩，美國竟使出其卑鄙的慣用手法──「暗殺」陰謀，卻為精明的金正恩手下破獲。因北韓強硬不願在霸權下低頭，除發動經濟制裁外，更透過其中情局，與南韓情報單位，試圖用生化物質毒殺金正恩。這種放射性物質，致命效果將在六至十二個月顯現。不料經收買的北韓公民在攻擊金正恩前，行跡暴露遭逮捕。按美國此種滅絕人性、排除異己的劣行，據無法證實的消息，也曾用在前委內瑞拉領袖身上。又據傳美總統甘迺迪，也因一九六三年提出和平倡議，促成了部分禁止核子試爆條約簽署。有人認為美國右翼份子，對「和平協議」憤怒，導致總統甘乃迪遭暗殺。一般了解美國「民族屬性」者，對總統被暗殺，應知並非空穴來風。美國建國不過兩百餘年，卻作惡多端，經常不走正道，已漸被世人所厭棄。而「習川會」的舉行，讓我們對習近平的安全捏把冷汗。（2.17.5.6）

臺灣最該「反感」、「反對」的應屬美、日

　　臺灣的政治人物等，動不動就對祖國大陸方面約束，企圖製造兩個中國或一中一臺行為提出不滿。而以傷害臺民感情和引起人民反感為威脅。殊不知臺灣最該反感，甚至不可原諒的，首先就是曾殺害數十萬臺民的日本，和數十年玩弄臺灣，把臺灣當作對付大陸的棋子的美國。他們深恐兩岸在中國大陸統一之後，會如虎添翼一般，加快發展，以致強大富裕而不能打壓，習近平所追求的偉大中國夢，必順利提前實現。到那時中國大陸定能多方超越美國，自然擠下美國，成為國際間推崇擁戴的「盟主」，各國均可受到富強中國的雨露均沾。

　　因此奉勸臺灣政治人物和知識界，不要忘記歷史的教訓，認清誰才是真敵人。不可任美、日等不懷好意的愚弄利用，成為民族叛徒，洋人的走狗，這樣下去，下場一定悲慘無比。（2017.5.6）

美麗島電子報民調，
蔡政府施政全面崩盤

　　蔡英文主政將屆週年，美麗島電子報民調出爐，顯示臺灣經濟惡化，年輕人找不到未來，不知人生願景在哪裡，而眼前的工作與希望更是渺茫。島內學者專家直指政府施政無能，且不知改正，一意孤行，自以為是，使臺灣經濟日趨萎縮，廣大人民開始由無感而覺得痛苦，乃紛紛走上街頭，向政府抗議表達極端不滿。據學者專家們指出，臺灣經濟唯一出路在大陸，但蔡政府反中、去中、抗中。結果不僅經濟衰退，同時還連帶引起社會動盪不安，各種犯罪案件增多，更消耗社會成本，於是造成重重問題。凡探究目前臺灣政治被視為崩盤的主因，就是兩岸關係衝突引起的，這也是臺獨黨主政無法改正的狀況。所以面對積極去中國化，要走向獨立建國目標的民進黨，大陸便對臺加緊滅獨的準備和行動。故我們從現實看，臺灣的生路只有日益窄化，甚至面臨無路好走的慘況。

（2017.5.3）

金正恩發展核武主因只在自衛

　　世人如果客觀看待北朝鮮，會發現它是個自立自強、追求統一理想奮鬥不懈的小國。金正恩主政後大力研發核武，應是有其不得不如此的原因。大家都看得很清楚，美國從不尊重小國，任意為了美國利益對小國壓榨，動輒武力相向。不但霸道不講理，甚至狡詐不講信義。小布希編織無數謊言，把伊拉克打垮，將其領導人海珊處死，使無數百姓傷亡，一蹶不振，變成極窮困混亂的國家，人民苦不堪言，便是證明。而美國對利比亞更令人髮指，先騙取其領導人放棄發展核武。解除其自衛能力，然後被美國以武力殺害。

　　這些對付小國血跡斑斑的例子，看在北韓人眼裡，為了自衛，必需要有「核子牙」。否則難保不落得跟伊拉克和利比亞等同樣悲慘的命運。因此我們對金正恩做法感到同情與可憐。而美國不深自檢討，卻只會責備別人、實在有失公理。（2017.5.2）

臺灣五十個政黨領袖到北京
表達和平統一意願

　　目前臺灣各類小黨約有一百個左右，惟總人數只在萬人上下，雖均由社會賢達等精英人士組成，但於社會起影響作用卻甚微。不過他們已看透當今兩岸情勢，統一已是無法逃避的結局。以民進黨加緊反中、去中國化的趨勢，將逼使大陸在全民促統強大意志下，可能走上急欲統一之路。大陸國務院雖一再宣示和平統一，不過必須臺灣政府配合。現在領導臺灣的，是聯合美、日以抗大陸，目的在求早日分裂國土獲得獨立。在此情勢下，自然和平統一變得不可能，而眼下兩岸已近箭拔弩張，「武統」狀態逐漸顯現，習近平「地動山搖」的情況眼看就要落實，其後果定不堪設想。於是臺灣有識之小黨領導人等，看到島上面臨的危機，皆認為既然必統，就該早統，並主動接受和平統一，讓臺灣步上大發展的正路。給予子孫後代光明前途。唯困難的是，人少力微，十分可惜。（2017.4.27）

臺灣去中國化越趨積極

　　據媒體近來陸續報導，臺灣除逐漸加深在文化、歷史、地理方面與大陸切割關係外，更藉著朝野每年舉辦去孫中山、蔣介石、鄭成功，以及孔子等的慶典活動，企圖徹底分離與祖國臍帶相連的關係，這讓人民認識到兩岸絕對不是一個國家。因此即使臺灣方面的話語說得再令大陸智庫們滿意，但定不會改變臺獨的初心。除此之外，大陸學者應記取在馬英九主政時的熱絡大交流，結果卻使島民大部分傾向「臺灣已是主權獨立國家」的教訓，千萬不可永遠有一廂情願的幻想。君不見最近臺灣加倍重視的「澎湖漢光三軍聯合大演習」，針對的不是捉島內漁船的日本、菲律賓，而是視為大敵的祖國大陸。我們感到很奇怪，北京方面口口聲聲說對蔡英文「聽其言觀其行」，難道要等到臺灣突然「失智」宣布獨立，才算數嗎？總之，臺灣政治人物絕不願放棄國家架構，一定是嚮往分離獨立。（2017.4.25）

大陸政治實屬專業，
歐美式「民主」已落伍

　　據報導，大陸海南省海口市美蘭區，用了三個月時間，在本月初完成了一個有歷史意義的地方治理改革項目，他們用參與式預算的方法，將區政府的部分預算交給居民去討論和協商，最終形成了一個從來沒有發生過的，以全民提議、全民投票來做決定的地方政府治理改革。對此竟引起一些人津津樂道，認為是「民主」進步。其實大陸政府領導的「政治專業」，對政治治理不但走上科學、專業，更納入精英治理層次。因而被歐美學者公認：大陸政治制度實已遠超過歐美等行之有年的所謂「民主制度」，即凡事皆由外行（百行百業）的大眾以一人一票決定，選舉亦然。故歐美學者目前皆震驚於大陸制度已走在時代前端。所以才會無論做何事均具效率，始能快速崛起超英趕美、成就非凡。試問海口如此小區如果用美式「民主」訂預算就要花三個月，官員正好還可把好壞的責任推給人民。這完全就是開政治倒車的行為，絕不可為。如今美國人寫《民主在退潮》一書即為明證。（2017.4.24）

兩岸交流三十載，
大陸學者仍不了解臺灣真實面

　　本月十九日，一篇報導公布了大陸、美國、臺灣三方面重量級學者，三月間在美國外交政策全國委員會，進行的年度兩岸關係三方座談內容。大陸學者認為兩岸從「冷合」轉向「有限的對抗」，若民進黨能凍結「臺獨黨綱」，並明確執行「中華民國憲法」的具體內涵，可能是打破目前僵局的有效方法。我們認為持此看法的大陸學者仍太不了解臺灣政治人物內心深處想的、要的、和終身追求的目標是什麼？談穿了，臺灣主流意識要的是「官位」、「地位」。你們知道臺灣為何那麼多人想獨立，因為有機會做「總統」、「院長」、「部長」、「市長」、「縣長」、各級學校校長，甚至村、里、鄉長等均視為「官」，故島內盡是官迷。如果大陸不讓他們有「總統」等國家架構存在，一切交流「好現象」均是假的。這才是兩岸難統一的關鍵。尤其應知道，中華民國憲法是要中華民國去統一中國，即所謂「三民主義」統一中國。正如馬英九日前指出，必須大陸採取臺灣的「民主制度」才能談統一。（2017.4.22）

馬英九等要的拒統花樣
已被大陸識破

　　馬英九初任臺灣領導人時，遵照美帝透過在臺協會，以宣示「不統、不獨、不武」，穩住兩岸關係。接著用「一中各表」迷惑大陸，使「中華民國」屹立於島上，成為實質上的兩國，進而擴大兩岸經貿交流及開放大陸人民入臺旅遊，大賺對岸的錢。然對兩岸統一，以及其自己均帶頭不承認是中國人。對政府修改教科書與臺獨活動、去中國化等放任與導向反統趨獨，大量向美國採購武器，備必要時抗統之用。故其數典忘祖事實，已被島內統派人士視為「獨臺」。最近北京學者陳勤浩就直指馬英九等，欲花言巧語，讓「一國兩制」、「和平統一」成鏡花水月，暗中走的仍為「兩國論」的真實版。國民黨和民進黨，明的暗的總信心滿滿認為分裂和最終獨立一定成功，因為背後有超霸美國支持，又有日本協助，既然大陸看清一切，就不應再在兩岸無謂糾纏。（2017.4.18）

習近平認為人類應停止
弱肉強食低等動物生存之道

　　報載習近平面對世界亂局，提出總體國家安全觀。強調為了維護和塑造中國特色大國安全觀的行動指南，所倡導的安全理念，要摒棄零和博奕、結盟等舊觀念，在國際間樹立普遍互助包容的國家安全理念，以體現中國風格。習近平點出古聖先賢對人必須異於禽獸的要求。認為弱肉強食、叢林法則不是人類共存之道，窮兵黷武、強權獨霸也不是人類和平之策，贏者通吃、零和博奕不是人類發展之路。他強調世界上的事情需各國共同協商，建立國際機制、遵守國際規則、追求國際正義是多數國家共識。任何挑戰皆非一國之力所能應對。習近平的國家與國際安全觀，屬人類相處的最高境界，也是實際與俄羅斯普亭雙雙化解美霸與北韓爆發以大欺小殘酷戰爭危機的兩大力量，將動輒暴衝的美國不得不揚棄野獸行為，走上人類化解問題談判桌上。且將成為模式。使任何大、小國皆平起平坐，以公平道理為上。這真是雄才大略對人類世界最大貢獻。將使人類互助互愛，異於禽獸。（2017.4.16）

世界矚目的「中國模式」，
應為「政治專業」的成果

　　祖國大陸自改革開放後，由於政治（管理國家之事）走出「專業」之路，故能在極短時間內，全面崛起，百業興盛，「超英趕美」已成事實。近年歐美學者均驚訝於他們努力在一兩百年始獲得的先進成就，竟被中國以二、三十年就趕上，且不斷在超越中。面對這事實，大家開始研究中國政治體制，認為其絕對優越始能有此輝煌結果。於是各種結論紛陳，而上海師範大學專研國家制度的學者蕭功秦，認為目前中國大陸行的是「新權威主義」，並稱：「不確定未來中國是否會走向一人一票的民主」云云。我們認為其思維欠全面。因歐美民主最大缺點即在「一人一票」，導致有《民主在退潮》一書的出現。我們對「新權威主義」說法頗不苟同，應名之為「政治專業」較貼切，不但持久，更將引領世界向此模式取經，怎能冀望令國家大亂的一人一票式選舉呢。（2017.4.12）

美國以飛彈攻擊敘利亞政府，
也是侵略欠人道

　　四月七日美軍奉川普令，對敘利亞一個空軍基地，發射五十九枚戰斧巡弋飛彈，造成的傷亡尚未詳細統計出來。美國橫施霸權，欺凌弱國小國從不手軟。此次彈轟敘國，只說掌握敘國政府使用化學武器攻擊叛軍，在聯合國尚未調查證實前，即對敘政府軍大開殺界。我們希望前美總統小布希大肆製造伊拉克海珊擁有大量化武的謊言不再重演，而致滅其國、亡其君，使該國因而國破家毀人亡。其所謂的「化武」根本子虛烏有，卻由此逼出個「民不畏死」的（IS）集團，只求報仇，不怕犧牲。故美國任何武力皆不放在他們眼裡，造成冤冤相報無盡期，看不到何時才能了結。美國動輒武力霸凌，不顧別人死活，已犯兵家大忌。假如以此方法對付強悍的北韓，一旦逼至其生死關頭，必用核彈反抗不可，到時定讓美國吃不了兜著走。北韓的「核子牙」屆時肯定反咬，後果將不堪設想。我國司馬兵法就有「大國好戰必亡」的警語，美國好動武，應非正道，更屬禍福難料。（2017.4.10）

從各種跡象顯示，大陸對分離勢力已採取遏制

最近發生在港、臺兩地的罕見事件，可以看到大陸對「港獨」、「臺獨」視為叛亂而毫不留情的開始祭起各種手段加以打擊。首先是民進黨黨工李明哲進入澳門後，突然「失聯」已超過一週，據稱他是「反中」激進者。另外前臺灣副總統欲到泰國遭拒，臺獨黨教授要到香港無法入關。而香港由大陸支持的林鄭月娥高票當選後，香港政府立即將此「佔中」等頑固反華且不願做中國人的九名吃裡扒外者一一逮捕法辦，令善良港民大為稱快。因此我們對大陸為廣大民眾除害，雖感正義遲來，但只要延續不斷嚴厲維護國家統一，相信就能夠除惡務盡，掃除一切外力無理干涉我國內政。則加速崛起，提前達到幾代賢明領導人，努力不懈要呈獻給十幾億同胞殷切期待的「中國夢」的偉大實現，應在眼前。（2017.3.29）

韓國人把中國先賢偉人硬說是韓國人，不如併入中國

　　日前報載韓國正擬爭取將中國武術「太極拳」，申請為聯合國教科文組織人類非物質文化遺產名錄，被大陸網友譏為搶祖宗。由於韓國只有三個臺灣大小，應屬小國，卻自大得離譜，對崛起的泱泱大國中國，總想沾些光，這幾年竟把中國的古聖先賢硬說是韓國的，甚至孔子、屈原以及成吉思汗均是韓人，將文化中的「五術」陰陽學、端午節等都攬歸韓國。近日見媒體報導，韓國欲爭取京響世界，能防身健身的太極拳，向聯合國教科文組織，申請為人類非物質文化遺產名錄，以光其門面。更令人啼笑皆非的是，連我古代著名武術大師張三豐，也被大言不慚的非要指為韓國人。我們認為今後世界必然是大國主導的世界，既然韓國跟日本一樣嫌自己太小，仰望中國那麼大，又如此強盛，最好自願併入中國成大國民，做個中國的主人，豈不皆大歡喜而一勞永逸了。併入中國後的韓裔青年只要努力，都可望著習近平說：「彼可取而代之」。這該有多偉大呀！（2017.3.29）

山東孝子護母殺人案的
民意力量

　　最近發生在大陸山東的刑案，男子于歡因為母親蘇銀霞被討債者污辱，且將其強姦，乃殺死辱母的杜志浩，被法院重判無期徒刑。引起一億多網民反對，認為孝子救母應屬正當防衛，必須依法判無罪才公平。大陸最高檢察院雖逢假日仍緊急介入，徹查治安單位及司法審判是否有弊端。此事所顯示出大陸執政的共產黨對民意的重視與人權的維護。特別是驚動中央政府，立即派員督辦。由此可見，大陸對人民意見或反應不敢輕忽。從這件事，令我們知道大陸重視民意早自毛澤東時代就已開始，他曾一再強調共產黨任何力量皆打不倒，但如違反民意就會被人民推翻。故山東護母殺人案正是共黨對民意尊重的證明，這情形更印證習近平日前宣稱，如不統一臺灣，共黨政權將被廣大人民推翻的話絕非戲言。外界過去認為中共不重民意，實因太不了解之故。（2017.3.28）

祝賀愛國的林鄭月娥
當選香港特首

　　香港自回歸後原應和澳門一樣，政治上軌道、經濟大發展、社會安和樂利、人民收益顯著增加，成為大家羨慕的宜居寶地。過去居民與觀光客懼怕的黑社會等暴力組織，已被以國家之力清除乾淨。然香港卻好景不常，被外力暗中介入，興風作浪，使社會出現矛盾分歧，甚至反中央，並喪心病狂地喊出「獨立」的違法、違背民族大義的主張。同時又在居心不良的外國陰謀蠱惑下，竟欲染指特首選舉。試想：香港特首豈能落在一個搞獨立的賣國賊手上？由於港民長期生活在英國強力殖民統治下，部分「奴性」未改，居然隨聲附和。幸中央適時出手，依法規定，特首第一條件必須愛國。其次要具管理能力，和取得中央信任，獲人民擁戴。合乎這些條件者才能成為候選人。今天林鄭月娥就在合乎這些條件下當選，應屬「一國兩制」典範，未來的臺灣統一後亦應以此作為參考。

（2017.3.27）

蕭萬長盼政治不影響兩岸合作是錯誤的

　　蕭萬長是廿四日在海南島博鰲會中，與大陸政治局常委暨國務院副總理張高麗短暫會面時，向張提出「兩岸產業交流，不要受政治影響」。我們認為此話很不通，因為目前臺灣主政者不承認九二共識，不接受一中原則，正千方百計帶著人民往分裂，即反中獨立方向走，如果只推進經濟，豈不是實質去支援臺獨，壯大臺獨反中的力量與信心。臺獨一旦有了經濟活水，必然強化軍事，做好獨立的布局。所以老蕭的建議，大陸理應無法接受。儘管張高麗向蕭萬長說，大陸 GDP 總量已達七十四點四兆元人民幣，去年城鎮就業達到一千三百一十四萬人，減貧一千兩百四十二萬人，加上結構調整優化、新產業新動能等因素，未來大陸前景無限，希望深化兩岸經貿合作。但談任何經濟利益，皆應先把「九二共識」和「兩岸一中原則」講清楚，否則便是助獨。（2017.3.26）

臺灣自李扁馬蔡領導期間，均全力拒統

　　臺灣從李登輝、陳水扁、馬英九至蔡英文，無一不旗幟鮮明的表明絕不接受兩岸統一。然而大陸方面總不相信，單方面高唱「兩岸一家親」、「骨肉兄弟」等善意善到家，似乎還不信臺灣並不領情，仍癡癡的等著臺灣破天荒的突然想通了，宣布接受「和平統一」。唯居住在臺灣的「明眼人」皆知，大陸的期待必然落空。這些人也是對島內實情太不了解，才有此幻想。其實大陸只要注意到臺灣不斷壯實武力，就該知道島內抗統的決心。試回憶馬英九主政，兩岸交流最暢旺時，卻以鉅款買進大批武器、充實武力，既不護魚、又不打海盜，主要是用在拒統。而蔡政府尤重強軍，近日軍方高官公開喊話，島內已具攻擊性武器可攻擊大陸上海等各大城市，甚至其他重要目標。面對枕戈待旦的臺灣，大陸的「一家親」應屬不「實事求是」，一定達不到理想目的。（2017.3.22）

兩岸和平統一易，和平獨立難

　　大陸與臺灣的統一，直白的說，關係民族偉大復興、新中國的核心利益，以及全體十幾億中國人的殷切期盼，尤其牽涉到主政的中國共產黨的興衰存亡，故統一是硬道理，也是現今世界沒有任何力量所能阻擋的。多年前就有老一輩政協主席李瑞環提出「逕行統一不計手段，即使造成經濟一度倒退均在所不惜」，可見統一臺灣一直有急迫感。馬英九主政大陸誤以為全面交流，大量讓利，認為國民黨強調「一中各表」將不影響和平統一的理想，水到渠成，自然成功。不料事與願違，馬執政八年，兩岸熱絡結果，臺灣近八成人民不願做中國人而想背叛祖國，導致有臺獨黨主政，千方百計往獨立目標前進。由於臺灣在美、日等國支持獨立情形下，放著易如反掌、大受歡迎的和平統一不幹，一心想在美、日協助中達到和平獨立，明眼人覺得這和去摘星星般一樣的困難，甚至免不了兵戎相見，下場必極難看。（2017.3.22）

北韓與臺灣成為問題，
完全是美國造成的

　　先談北韓，之所以發展核武，凡設身處地想，主要是不斷受到超級大國美國的威脅。為了自衛，和堅持走適合其國家發展的制度，絕不附和或跟隨美國希望的模式走，乃遭美國以各種手段抵制與制裁。然而不畏強權多方打壓的北韓，決定自立自強，為了自身安全，及見美國對付伊拉克、利比亞，以及諸弱小國家毒辣手段，自知必須研製特殊具報復力的武器自保，而不得不「亮劍」數次，引起美國震怒。其實皆因美國和南韓一再在北韓家門口大肆軍演挑起。美國不僅怪北韓挑釁，又要求中國對北韓杯葛，實無道理。此外美國在臺灣問題上最怕兩岸和解走上統一，因此如此將使中國更加強大，故把兩岸問題當成重要問題，認為分裂的臺灣可阻滯大陸正常發展，並可在銷售武器、工農產品上大賺臺灣的錢。而臺灣政治人物為了私利，沒有不樂於配合的，即使經貿方面做了冤大頭，反正是納稅人的錢。但求老美支持分裂就好。如此好的「美國利益」，怎能輕易放棄？（2017.3.20）

馬英九被憎恨的原因到底為何？

　　日前甫卸任的臺灣領導人馬英九涉嫌洩密罪，被法院起訴。據媒體報導另有八個案子在等著他入法院。三月十七日聯合報短評指出，很多人對馬英九有一種莫名的「切齒憎恨」，認為是他對兩岸關係著力太深，讓兩岸打破數十年的僵局等等，導致讓臺獨的號角日顯蒼白之故，我們認為這論調完全不符事實。在中國人眼裡，馬英九是數典忘祖、違背憲法一中與統一精神，以三通交流助長經濟，卻用賺祖國的錢大量採購武器準備拒統之用。同時對內又任由分離勢力快速發展，騙取外交休兵及擴展國際空間，放縱反中學運擴散，與文化臺獨進行紮根。而其思維是友日傾美，自願做美、日圍困中國島鍊重要的一環。他真實領政卻未做任何趨統的好事，連自己都不說是中國人。他欺騙大陸的一切作為，已被大陸認破。大陸權威智庫余克禮最近曾指名攻擊馬英九反中，說他八年竟養大了臺獨。這才是真相而不得多數愛國者的人心，因而對他極為不滿。（2017.3.18）

兩岸一家親可從民間落實

　　最近海峽兩岸局勢變化頗大，臺灣執政黨不但操作仇中，還擬增設「保防法」，據稱比兩蔣戒嚴時期「保密防諜」措施侵犯人權情形更厲害。而大陸方面，政府眼看島內臺獨勢力膨脹，去中國化加快進行，連中華文化最不可少的儒家哲學「至聖先師」亦予以切割，意即與「臺灣國無關」，擺明了趨獨正快步進行。為了遏制臺獨行動，大陸也在準備制定「國家統一法」以反獨。然而就在此時，國臺辦仍表示「兩岸一家親」，並寄希望於臺灣人民，認為兩岸人民皆應為和平統一盡義務、負責任。因此我們認為大陸不妨在福建廈門設立「臺灣省辦事處」，專為臺灣民間服務，軍艦、客機、甚至軍機都可取消「中線」等無理設限，逕行入臺交流，或單方面打破阻障。試想：軍艦駛入自己國土，與島民交流「敦睦」，難道臺灣能開火嗎？事實若真如此，島民必定會歡迎的。（2017.3.15）

習近平要築「統一的鋼鐵長城」

　　習近平在大陸人大與政協兩會中，特別針對藏獨、疆獨、港獨及未點名的臺獨等，指出我國是統一的多民族國家，一部中華民族史，就是一部各族團結凝聚、共同奮進的歷史。民族團結是各族人民的生命線，也是國家整體發展的基石，是十三億多中國人共同的意志。因此要「築牢各族人民共同維護祖國統一、維護民族團結、維護社會穩定的鋼鐵長城。」目前由於其他三獨均已「剷除殆盡」，故這番話應是對臺灣分裂勢力說的。

　　尤其最近臺獨勢力不斷膨脹，去中國化正從根本處著手，連民族文化的最精華部分均不惜捨棄。其他反中、去中便更不在話下。據前臺灣國安會高官表示，目前島民百分之八十餘，皆認臺灣已是獨立國家，年輕人尤以為是，所以大陸以利拉攏，或欲改變其認同祖國終將失望，絕不可能，皆是奢望而已。（2017.3.12）

吳敦義對大陸的說法，
只證明他太不了解大陸

　　吳敦義日前接受媒體訪問時說：「如果中國大陸實施孫中山的三民主義，實施自由民主，讓人權法治有保障，人民出入國門可以自由自在，一切制度與中華民國臺灣並無兩樣。兩岸來往也能平穩定發展，雙方既不互相威脅也不恫嚇，更不動兵刃，維持穩定和平，如果『葡萄成熟』，只要在國會監督下，經全體國民公投的同意，各種可能都可能發生」。觀吳敦義自以為給大陸出難題，「將大陸的軍」，殊不知大陸人民所享受的自由民主，實際生活的情形，應已遠遠超過臺灣。只要不犯法，要做什麼都可以，且在一黨負責為民服務的制度下，全民自由發展，故民間富豪不斷增加，最近統計，白手起家的富豪人數已超過超級大國美國。人民均能安居樂業，成為令國際羨慕的樂土。吳敦義對今日大陸太不了解了，不僅坐井觀天，又夜郎自大，已屬落伍太多，提出不是問題的問題，必使常去大陸者發笑，認為臺灣的領導人物竟對大陸如此無知。

（2017.3.11）

對於「天然獨」應屬有理說不清

　　從媒體上的報導，發現一些到大陸交流的青年學生、或被派到大陸工作的年輕人，多半內心想的仍為臺獨思維。民進黨前青年部主任傅偉哲認知「臺灣是一個政治主體」，完全不知百年來我國飽受列強欺凌慘痛歷史，臺灣的教育已把他們教育成只知有臺灣的「天然獨」和「文化獨」了。因此沒有國家民族曾面臨危亡的感受，什麼民族大義、救國救民，皆屬天方夜譚，與他們毫無關係，更坐井觀天，不求甚解臺灣問題重重的政治制度，而陶醉在安逸的「小確幸」中，對美、日等耍弄臺灣，利用和掌控臺灣卻無感，成為「天然奴」而無感。因此大陸拉攏臺灣青年，懷抱臺灣「知青」，期望他們改變內心的分離意識，其實效果有限，說難聽點，是白費心力，浪費時間罷了。

（2017.3.11）

臺獨人士應切實認識到路已近盡頭

　　由於臺獨領政的政府上臺後，只急於做鞏固與發展獨立有關的措施，未專心為島民福祉設想，人民普遍陷入生活困境，且有排除「異己」之勢，還表明抗拒統一。直到大陸發覺全力協助讓利的結果，反而是助長島內臺獨思想有增無減，甚至對分裂更具信心。大陸面對此出乎想像的狀況，乃於近日全國人大和政協兩重要會議中，提出針對臺獨議定處理原則和方法。

　　首先透過重量級委員放話，將在二〇二〇年統一兩岸。解決的方法很多，如係武統，則只用任何飛彈都無法攔截的廉價新型威力強大的火箭砲，即可迅速消滅臺灣「衡山指揮中心」及各軍事要地、港口、機場、交通樞扭等，必定能在極短時間內癱瘓全島，並稱對解放軍而言，那只是「小菜一盤」，即可輕易辦到。而國臺辦主任宣稱，臺獨走到盡頭，即是統一。綜觀共產政權歷史及建政後寸土必爭的態度，美、俄、印、越均為解放軍手下的敗將，臺灣朝野絕不可等閒視之，搞獨應無結果。

（2017.2.8）

書　　名　海峽風雲急

作　　者　安強

責任編輯　翁承佑

排　　版　林曉敏

印　　刷　百通科技股份有限公司

封面設計　菩薩蠻電腦科技有限公司

定　　價　新臺幣 380 元

ISBN 978-957-43-4794-0

國家圖書館出版品預行編目（CIP）資料

海峽風雲急：兩岸統一好結局,臺灣錢將淹膝蓋 /
安強著. -- 初版. -- 新北市：安強, 2017.08
　　面；　公分
ISBN 978-957-43-4794-0(平裝)

1.兩岸關係 2.文集

573.09106013028

刻能看出臺灣人民是不是仍為中國人，執政者有沒有分裂
野心。

　　大陸規劃的京臺高鐵，大陸部分已四通八達，甚至已
開通連接歐亞的大長程鐵路網，是臺灣求之不得的重要設
計。這條鐵路只要建福建平潭至臺北桃園的海底隧道部分，
全長一百廿五公里，福州至平潭九十公里，以大陸目前的
技術能力，估計五年內即可建成通車。屆時臺灣經濟如魚
得水，不但不會邊緣化，還會融入大陸與國際，前途光明
燦爛。不過目前的情況，看來只在考驗執政者的智慧，一切
均在一念之間。我們認為，任何人應皆不願讓寶島「地動
山搖」。（2016.3.7）